"A crise, uma passagem difícil entre duas situações, nos obriga a tomar uma atitude. Alguns saem perdendo e outros são por ela engolidos. Mas há os vencedores. Indico este livro a todos que querem aprender sem sofrer, pois quem o escreve é a poderosa Leila Navarro."

IÇAMI TIBA, PSIQUIATRA, PALESTRANTE E ESCRITOR

"Para Goethe, o talento educa-se na calma, o caráter no tumulto da vida. Leila Navarro demonstra essa tese. Quem sabe se não é exatamente nos momentos de desafio que o mundo produzirá um indivíduo diferenciado, um ser humano de caráter talentoso?"

ROBERT WONG, CONSULTOR E ESCRITOR

"Leila consegue aliar teoria e prática de uma maneira simples e eficaz. Neste livro, você encontra maneiras de desenvolver seus talentos e vencer as crises."

DANIEL GODRI, PALESTRANTE E ESCRITOR

"Neste livro, Leila Navarro conduz o leitor a refletir sobre os reais efeitos das adversidades que incomodam as pessoas e o mercado durante o processo de evolução do mundo. Faz isso com suas características peculiares, linguagem simples."

CESAR ROMÃO, ESCRITOR E CONFERENCISTA

"Escrever sobre crises e como enfrentá-las faz parte das muitas competências de Leila Navarro. Este competente livro *peneira* ideias para nos fazer pensar. Vale muito!"

LUIZ MARINS, ANTROPÓLOGO

"Este livro é um alento para quem deseja encontrar caminhos que levem à superação e ao sucesso. Leila põe em seu texto a mesma alegria contagiante de suas palestras."

Reinaldo Polito, escritor e conferencista

"Como afirma a própria Leila, sempre com perspicácia e bom humor, que as crises sejam aquilo que dá mais graça à vida. Este é um livro perfeito para o tempo em que vivemos."

Victor Mirshawka Junior, diretor de pós-graduação da FAAP

"A palavra crise deriva do grego *krisis*, que significa decisão. Não há quem não tenha que tomar decisões na vida. Ler este livro é uma boa decisão, que vai ajudar você a reconhecer seus talentos."

Eugenio Mussak, escritor e conferencista

"Sem crise, não há conflito. Sem conflito, não há atrito. Sem atrito não há faísca e sem faísca não há imaginação, inovação e melhoria. Aprenda aqui como usar a crise para avançar no conhecimento, no autoconhecimento e na execução de uma revolução pessoal."

Waldez Luiz Ludwig, consultor de empresas e palestrante

"Leila Navarro nos convida a olhar para dentro de nós mesmos com um sorriso divertido nos lábios. É um prazer deixar-se levar por suas reflexões agudas e profundas, expressas com um sentido de humor muito saudável."

Sandra di Moise, Membro do Comitê
Executivo Barclays Portugal — Cards Business Head

"Pessoas com talento têm casca no lugar da pele, para avançar apesar das intempéries da vida. Leila Navarro discorre sobre isso com seu enorme talento, mostrando que quem quiser sobressair deverá estar sempre à prova de crise."

Ruy Leal, superintendente-geral do Instituto Via de Acesso

"Já tive o privilégio de organizar um livro em que ela foi uma das autoras. Mexeu comigo. Vai mexer com você também. Mexer só não, chacoalhar os antigos conceitos, liquidificar o desânimo, triturar os argumentos negativos!"

Dulce Magalhães, filósofa, escritora e palestrante

"Como Leila define, de forma bem humorada, esta não será a última crise que enfrentaremos. Ainda bem! Não podemos encarar isto como risco, mas como oportunidade. Toda crise é um prato cheio para pessoas talentosas — desde que estejam preparadas!"

Gustavo Zanardi Chicarino, diretor de estratégia, marketing e produtos da Accor Service Ticket

"Este livro é mais que uma leitura, é uma reflexão mágica que desperta no leitor o desejo de superar desafios que sempre existiram e estavam esquecidos nas áureas da estabilidade de mercado."

Clovis Tavares, escritor e palestrante

"Leila Navarro é a pessoa indicada para escrever sobre talento, pois seu bom humor e sua generosidade em compartilhar esse dom são características de pessoas realmente talentosas."

Prof. Gretz, escritor e palestrante

"Neste livro, Leila Navarro parece com ela mesma: pedagoga, desenvolta, rigorosa e intelectualmente relaxante. Para ser confiável, há de ter confiança e este livro nutre e nos cultiva para isso."

CELSO DE AZEVEDO, DIRETOR-PRESIDENTE DA ASSETSMAN — FRANÇA E BRASIL

"Estamos vivendo em constante crise! O autoconhecimento é que faz a diferença. Que os leitores possam se superar e colocar o *Talento à prova de crise*."

SERGIO DE MATTOS, PRESIDENTE DA MINASPETRO

"Muitos se perguntam o que significa construir uma vida de sucesso e entram em *crise*. Outros deixam de arriscar por não confiar em seu *talento*. Neste jogo de erros e acertos, Leila tem o dom de fazer com que as pessoas se tornem *poderosas*."

MARCELO MELLO, DIRETOR COMERCIAL/ MARKETING DA BSB — GRUPO BERTIN

"Toda transformação é de dentro para fora, é isso que nos possibilitará ver oportunidades onde outros veem crise. Positivo demais? Não, possível! Como outros livros da Leila, simples, porém, imprescindíveis!"

LORICE SCALISE, DIRETORA DE UNIDADE DE NEGÓCIOS — ROCHE DIAGNOSTICA BRASIL

"Leila Navarro é uma excelente comunicadora, tanto ao vivo, em suas conferências, como por escrito. Aproveite seu conhecimento, sua experiência, sua emoção, seu ser. Vale a pena. Leia o livro e recomende-o."

JOSÉ MARÍA GASALLA, CONFERENCISTA E PROFESSOR DO ESADE BUSINESS SCHOOL

Talento à prova de crise

Leila Navarro

Talento à prova de crise

Entenda, enfrente e vença os diversos tipos de crise que acontecem no mundo e dentro de você

Thomas Nelson Brasil

Rio de Janeiro
2009

Talento à prova de crise

EDITOR RESPONSÁVEL
Nataniel dos Santos Gomes
SUPERVISÃO EDITORIAL
Clarisse de Athayde Costa Cintra
PRODUTORA EDITORIAL
Fernanda Silveira
CAPA
Valter Botosso Jr.
FOTO DE CAPA
Sergio Agosta, Brescia, Italia
sergio.agosta@multilingue.it
ILUSTRACÕES
João Montanaro
REVISÃO
Margarida Seltmann
Cristina Loureiro de Sá
Joanna Barrão Ferreira
PROJETO GRÁFICO E DIAGRAMAÇÃO
Julio Fado

CIP-BRASIL. CATALOGAÇÃO NA FONTE
SINDICATO NACIONAL DOS EDITORES DE LIVROS, RJ

N241t

Navarro, Leila
Talento à prova de crise: entenda, enfrente e vença os diversos tipos de crise que acontecem no mundo e dentro de você / Leila Navarro. - Rio de Janeiro: Thomas Nelson Brasil, 2009.

ISBN 978-85-7860-056-3

1. Conduta. 2. Administração de crises. 3. Autorrealização. 4. Sucesso. I. Título.

09-3655. CDD: 158.1
CDU: 159.947

Rua Nova Jerusalém, 345 – Bonsucesso
Rio de Janeiro – RJ – CEP 21402-325
Tel.: (21) 3882-8200 – Fax: (21) 3882-8212 / 3882-8313
www.thomasnelson.com.br

Sumário

"HIV POSITIVO"

Capítulo 1

Que história é essa de crise?

Assim como eu, você também já deve ter lido uma daquelas histórias falando de crise que circulam na internet e da qual ninguém conhece o autor. A história a que me refiro define exatamente a visão que tenho da crise econômica mundial que explodiu em setembro de 2008. A cena é a seguinte: imagine a maior orgia acontecendo — e para o bem de todos não irei descrever a tal festa; mas imagine uma festa daquelas que aconteciam na Antiguidade, que ficaram conhecidas como bacanais, das quais os imperadores romanos tanto gostavam —, quando, em meio a toda essa agitação, uma coisa frenética e em pleno andamento, alguém grita: "Tenho aids." Ai, ai-ai, ai-ai! E você também já imaginou o que acontece em seguida: todos param imediatamente o que estão fazendo e passam a avaliar a sua situação em particular. "Será que corri riscos, sem saber?" "Bem que eu desconfiava, mas como eu poderia ter evitado?" "Eu também tinha de tirar proveito da situação!" "Se todos estavam participando, por que não eu?" Pois bem, sejam quais forem os questionamentos que os participantes da orgia se fizeram, uma coisa é certa: todos pararam o que estavam fazendo na mesma hora. É assim que vejo, volto a afirmar, a crise financeira que pegou o mundo de calças curtas — para não dizer de calças na mão — em setembro de 2008.

Quando fui convidada a escrever este livro, pensei imediatamente na crise gerada pela bolha imobiliária do mercado norte-americano, que gerou um *tsunami* em todos os mercados financeiros mundiais. Porém, em um segundo movimento, pensei nas outras crises que já aconteceram, tanto em nosso país — que não foram poucas — quanto no mundo em geral.

Nos anos 1990, após experimentarmos a inflação galopante e os sucessivos planos econômicos que prometiam maravilhas, o presidente Fernando Collor de Mello, recém-eleito, confiscou a poupança de todos os brasileiros, causando um grande desconforto na população, sem falar nos problemas de liquidez e de falta de confiança no sistema financeiro, que pareceu frágil e refém dos desatinos de um mandante. No início deste século XXI, durante o governo de Fernando Henrique Cardoso, experimentamos um apagão generalizado não só na energia elétrica, em consequência da falta de investimentos em infraestrutura, mas também financeiro, como resultado da instabilidade econômica que afastou investidores estrangeiros, fez oscilar tremendamente o valor do nosso real em relação ao dólar e aumentar a conta da dívida externa a ser paga pelos brasileiros. No cenário internacional, vimos vários países passando por crises econômicas, como o México, em 1994, os chamados Tigres Asiáticos, em 1997, a Rússia, em 1998, a Argentina, em 2001. Isso para ficarmos apenas com as crises financeiras.

O ano de 2001 marcou o mundo com outro tipo de crise. Os atentados terroristas que aconteceram nos Estados Unidos em setembro daquele ano, derrubando as Torres Gêmeas e atacando inclusive o todo-poderoso Pentágono, abalaram sobretudo as fronteiras americanas. Ninguém mais podia pôr os pés em solo americano sem tirar os sapatos, literalmente. Isso mexeu com o orgulho do mundo todo. Qualquer um que conseguisse chegar a Nova York ou a Miami teria de tirar os sapatos. Como é que as pessoas se sentiam? Bandidas, pois desconfiavam de todos; suspeitas em potencial, tendo de provar que eram inocentes; despidas de sua moral, de seu caráter, de sua identidade.

Em um terceiro movimento, pensei em como as crises são cíclicas, como volta e meia acontecem e tornarão a acontecer; em como elas acontecem no mundo, no macrocosmo conforme estamos vendo, e como acontecem nas esferas mais próximas a nós: na empresa em que trabalhamos, no comércio do bairro, na casa do meu vizinho, até chegar ao nosso microcosmo, na minha casa, em mim, em você. E, independentemente do momento econômico que estamos vivendo, pensei em como as crises acontecem na própria vida das pessoas, porque a vida é movimentada por crises constantes. Veja se você concorda comigo: passamos pela crise da puberdade, se quisermos começar a partir dos 10 ou 12 anos, porque, se crise é toda situação para a qual não nos preparamos ou que não sabemos como enfrentar, podemos dizer que a primeira crise começa ao nascermos, quando temos que sair por um "buraquinho" fazendo uma força danada sem saber o que vai acontecer do outro lado. Na própria infância temos diversas crises... Depois, passamos pela crise de identidade na adolescência, pelas crises de ansiedade na vida adulta, pela crise dos "enta", pela crise da terceira idade... Vem a época da andropausa, da menopausa... Temos as crises esperadas, como essas que citei, e para as quais nunca nos preparamos de fato, e temos as crises inesperadas, aquelas que vêm com as surpresas durante a vida. Não é assim? Para alguns mais, para outros menos.

Há pessoas que dizem: "Parece que convivemos constantemente com a ansiedade, com a incerteza, com a insegurança de não saber por que nem para quê. Não parece que estamos em crise o tempo todo?" São pessoas controladoras que não entendem que a única coisa que podemos controlar na vida são nossos pensamentos e nossos atos, pois o restante é crise, hahahaha... Não! O restante é vida, é realidade, faz parte, é a graça. Gosto da palavra "graça" em todos os sentidos, graça no sentido de humor, de leveza, e graça no sentido de luz, de estado de graça. Por isso, algumas pessoas chamam a crise de desgraça, e eu penso que seja isso mesmo, pois a desgraça é a possibilidade que temos de encontrar a graça. Vou me explicar melhor: uma desgraça acontece como uma situação desconhecida, e quando atingimos o conhecimento da situação podemos tirar o "des" e criar a graça. Na vida estamos constantemente criando graças a partir de desgraças. Concorda comigo?

E há outras pessoas que parecem encontrar seu verdadeiro caminho só depois de já terem vivido uma vida inteira; outras nem isso, pois sentem como se a vida apenas passasse por elas.

Algum tempo atrás um telejornal apresentou o caso de uma senhora que resolveu estudar medicina e diplomou-se aos 65 anos, depois de ter sido casada e de ter criado filhos e netos, iniciando uma nova carreira. Outra história interessante é a de uma mulher que se afastou da família para ingressar num convento por convicção, deixando claro que a decisão não significava que ela deixara de amar a família. E, para não dizer que essas coisas só acontecem com mulheres, há o caso do missionário que conheci no Chile. Enquanto eu aperfeiçoava meu espanhol naquele país, conheci um ex-médico italiano que abandonara toda sua experiência em pediatria para ingressar em uma congregação franciscana. Depois de tantos anos de profissão, ele dizia ter encontrado sua vocação tardia. Fez os votos de pobreza, doou os bens para o irmão e se embrenhou num projeto missionário pelos desertos do Chile.

E como explicar para as pessoas essas mudanças, esses encontros de caminhos que parecem, ao olhar do outro, que a pessoa agora entrou em uma crise das bravas, abandonando a própria vida, numa crise radical?

Mas o que é crise afinal? Será que esses casos são de crises ou são de experiências vitais?

Existem as crises radicais, que provocam grandes mudanças e aprendizados, e existem as crises braile, aquelas em que você vai tateando, tateando a vida toda e nunca sai dela, nunca muda, nunca aprende, porque não consegue ver de fato o "bicho" todo. Nesta altura, vejo que eu não sairia da introdução se ficasse descrevendo os vários tipos de crises... Se começássemos a falar de medos, então, dos medos que tudo isso nos provoca... Falaremos, sim, dos medos, em breve.

Mas e qual é a razão de tantas crises em um único ser humano, se todos nós nascemos para ser feliz, para somar, para aprender, para ganhar? Veja que o próprio nascimento é um ato de generosidade, senão dos pais, do grande Criador, do Poder Maior, que a maioria das pessoas chama de Deus.

Pare você também, meu caro leitor, para pensar por um minuto como é o comportamento de uma criança diante da vida. Se ela for bem cuidada, se suas necessidades básicas forem atendidas, a criança é puro deleite diante do mundo que se abre para ela. Depois, conforme cresce, é que ela vai aprendendo que precisa conquistar seu próprio espaço, que ela vai percebendo que há um jogo de exclusão acontecendo a seu redor. Eu aprendi isso desde cedo.

Em toda festa de família, meu tio adorava reunir a criançada para brincar de "dança das cadeiras". Você conhece essa brincadeira? Juntam-se dez crianças, por exemplo, e nove cadeiras; uma música toca, enquanto as crianças dançam ao redor das tais cadeiras; quando a música para, cada criança deve sentar numa cadeira; a criança que sobrar cai fora do jogo. Brincadeira de criança? Jogo inocente? Pode ser, mas diz muito sobre a cultura de exclusão em que somos criados, concorda?

Mais tarde, na época do vestibular, temos de optar por uma carreira, escolher qual faculdade cursar. Ainda adolescentes, enfrentamos mais um jogo de exclusão, porque não há vagas na faculdade suficientes para todos, e alguns não terão cadeira para sentar. Chega a hora de procurar emprego e outro desafio se mostra. Só os melhores, só os mais bem preparados encontrarão logo uma colocação. E, como se costuma dizer, nesse emprego temos de matar um leão por dia: seja com o concorrente fazendo jogo sujo, seja com o colega de departamento que tenta nos passar uma rasteira. Quando entramos nos quarenta anos, vem também a autoexclusão, porque já nos consideramos velhos demais para determinadas coisas. E assim a vida segue, de desafio em desafio, de exclusão em exclusão, sempre cercados por muitos questionamentos, muitas dúvidas, muitos porquês.

Parece um quadro triste, não? Mas isso ainda não é o pior de tudo. Sabe aonde leva uma vida cultivada nessa cultura de exclusão? Leva-me a acreditar que não haverá cadeira para todos, leva-me a acreditar que não conseguirei sentar em uma cadeira quando a música parar: leva a uma grande crise de confiança, na falta de confiança no outro e na falta de confiança em nós mesmos. Agora me diga como é possível que esse coitado desse ser humano não se sinta vivendo em crise o tempo todo?

Neste livro, caro leitor, vou revelar dicas importantes para você entender as crises, para enfrentá-las, superá-las e até tirar proveito delas, não só da crise econômica à qual me referi no início deste capítulo e da consequente ameaça à confiança no sistema, mas das crises de modo geral, das que ainda virão, porque elas sempre estarão acontecendo.

Epa, epa! Simples assim? Quer dizer que sempre haverá crise? Sim, meu amigo. Sempre haverá, assim como haverá um motivo para cada uma delas. Pode ser que, neste momento, você não se conheça o suficiente para perceber que está diante de uma crise, tanto em nível macrocósmico quanto em nível microcósmico, ou para perceber o que uma crise pode representar em sua vida. Então, mudando de pato pra ganso, para mergulharmos nesta viagem ao *Talento à prova de crise*, vamos ver o que significa o autoconhecimento.

É claro que precisarei da sua colaboração, mas é coisa rápida: basta responder a uns testes que serão propostos no decorrer da sua leitura. Garanto que, ao terminar o livro, você estará mais preparado para tirar de letra as crises que surgirão diante de você.

E, já que falei em testes, vamos à primeira pergunta: para que você acha que serve o autoconhecimento?

a. O autoconhecimento me fará ser bem-sucedido, pois saber o que quero e o que não quero é a chave do sucesso.
b. Para eu me apresentar com segurança diante das pessoas; a postura é tudo.
c. Serve para definir o sistema de crenças e valores nos quais acredito.
d. No mundo dos negócios o autoconhecimento não vale grande coisa; o que interessa é o conhecimento, o capital intelectual.
e. Nenhuma das opções anteriores.

Confira sua resposta a seguir...

O QUE SOU EU?

Capítulo 2

O microcosmo em um prato da balança

Não sou nada.
Nunca serei nada.
Não posso querer ser nada.
À parte isso, tenho em mim todos os sonhos do mundo.

FERNANDO PESSOA

A importância do autoconhecimento

O autoconhecimento é uma grande sacada. É pelo autoconhecimento que virão a autoconfiança, a autoestima, a automotivação, a autorregulação, a autoconsciência; é o autoconhecimento que fará você ser cúmplice de si mesmo, comprometido consigo mesmo, criando a sua própria realidade. Mas só tendo um nível de consciência elevado é que podemos ter contato com o nosso verdadeiro sentido de vida, para daí passarmos a ser pessoas comprometidas de fato, conosco mesmas e com todos os que nos cercam. Sabendo quem sou, conhecendo meus limites, posso me motivar a superá-los, respeitando a mim e ao outro.

Não basta, porém, descobrir aquilo que incomoda você, o que produz ressonância dentro de você — embora essa seja uma ótima dica de autoconhecimento —, para dizer que se conhece o suficiente. O autoconhecimento é um processo que deve necessariamente começar com o reconhecimento de quem somos, do poder interior que temos e do mundo em que vivemos. A grande dúvida que todos têm, "Quem sou eu, afinal?", é fundamental nesse processo. Tal questionamento nos conduzirá através de nós mesmos à nossa essência, onde residem a força e o talento de que dispomos, nossa missão e nossa meta, o nosso sentido de vida, o grande poder interior. Todos esses elementos, juntos, cooperarão para que possamos lidar com sentimentos destruidores, como a inveja, o medo do ridículo e a desconfiança. Cooperarão também para nos libertar, pois, se sabemos quem somos e o que queremos, nos manteremos fiéis à nossa missão, não temeremos a inveja nem a concorrência, iremos ganhando cada vez mais autoconfiança e, então, nos tornaremos pessoas "poderosas" e livres! É dessa forma, portanto, que a etapa final do processo de autoconhecimento se dará com o fortalecimento interior e com o nascimento de uma nova pessoa, mais sábia, com mais autoconsciência, autoconfiança, automotivação, autoestima. Por isso, mais poderosa, porque assume o poder de suas escolhas, e, portanto, mais livre.

É preciso estar ciente, contudo, de que o fato de assumir o nosso poder e conquistar liberdade de ação pressupõe uma grande responsabilidade, em geral acompanhada de mudanças, podendo às vezes significar mudanças drásticas, mas sempre positivas.

Costumo ilustrar esse processo logo no início das minhas palestras. Entro em cena de modo a chamar bastante atenção, usando plumas e brilhos, fazendo certo estardalhaço — é proposital, pois quero que todas as atenções recaiam sobre mim. Em seguida, vou me despindo e causando uma verdadeira inquietação na plateia, que fica atenta para ver qual será o próximo passo. Jogo as plumas longe, me dispo dos brilhos, tiro os sapatos, ou seja, vou me livrando de tudo aquilo que chama muito a atenção das pessoas, mas que não fazem parte de mim, e me coloco diante do público vestindo apenas uma roupa comum, discreta, em geral escura, sem ornamentos e descalça. É dessa forma que me sinto confortável, absolutamente equilibrada, harmonizada comigo mesma, conectada e em sintonia com o Universo. Passo a ser eu mesma realizando a minha missão, sem medo de ser ou parecer ridícula. E, quando afasto o medo, adquiro a liberdade de ação. O autoconhecimento possibilita tal liberdade.

Meu leitor, já falei três vezes em missão, mas ainda não me expliquei. À semelhança da nave espacial da série *Jornada nas Estrelas*, penso que também somos tripulantes de uma nave espacial chamada Terra, e que nessa nave não tem lugar para turistas, para aquelas pessoas que pertencem à categoria de passageiros, mas apenas para tripulantes, sendo que cada um é responsável por alguma tarefa, já que a própria nave tem a sua missão. Isso quer dizer que todos temos uma missão também, um papel a cumprir, a desempenhar. Não estamos aqui por acaso. Fazemos parte de um sistema, de um organismo vivo, e o fato de estar vivo implica movimento constante, como os sistemas do corpo humano. Se você não cumprir sua missão é como se o seu estômago dissesse: "Hoje resolvi que não quero mais fazer parte do processo de digestão, quero me libertar, nasci para ser passageiro, quero só ficar assistindo ao que está acontecendo por aí." Se a Terra fosse, então, como o corpo humano, poderíamos nos comparar às células, que são específicas, individuais e autônomas, mas interdependentes. E esta é a magia do viver: ser você mesmo, único e especial, mas não ser o único e ainda interdepender de outros únicos; ter a coragem de ser você mesmo para aprender que não existe independência nem autonomia sem interdependência.

O sentido de vida não muda, porque ele é mais geral, mas a missão muda conforme a maturidade, o desenvolvimento, a experiência de cada pessoa. A missão das empresas também muda, porque tudo muda; mas os valores não mudam, pois são como o sentido de vida. Estou na minha quarta carreira profissional; antes de ser palestrante, já fui fisioterapeuta, empresária e rolfista. Minha missão mudou, mas meu sentido de vida ainda é o mesmo, pois o meu sentido de vida é servir, colocar os meus talentos e as minhas habilidades a serviço dos que deles necessitam. E entendo que meu servir tem a ver com tirar a dor das pessoas pela educação, mostrando como podemos ser felizes e fazer feliz o nosso entorno. A isso chamo de prosperidade e inclusão, como veremos mais adiante.

Dei-me conta de que a minha missão, hoje, é "empoderar" as pessoas, criar um espaço em que as pessoas possam perceber que são poderosas, perceber sua própria grandeza em ser, simplesmente em ser, essa magia que é ser e estar presente. A partir de agora vou chamar você de *poderoso leitor*.

Há duas outras coisas que são fundamentais no processo de autoconhecimento, meu poderoso leitor: a reflexão e a reavaliação. Sabemos que somos o resultado das nossas experiências passadas e, partindo desse princípio, a reflexão sobre os fatos e as ações do passado ajuda-nos a evoluir, reavaliando-nos, pois é com base nessa análise que vamos descobrir o que nos incomoda, por um lado, e o que nos motiva, por outro. Podemos até perceber que olhamos diferente para algumas coisas que nos incomodavam alguns anos atrás, podemos descobrir que o que antes significava um problema hoje parece algo muito simples, porque evoluímos durante o processo.

Pensar, em um mundo tão rápido como o nosso, é fácil? Quem tem tempo para isso? Com tanta informação, com tanto estímulo visual e midiático, ficamos à disposição apenas das decisões que precisam ser tomadas. Ficamos envolvidos com as coisas que precisam ser ditas ou feitas, sem tempo para a reflexão. Aliás, a reflexão não está na moda e não interessa ao mundo do marketing, não é mesmo? Você acha que as propagandas veiculadas na televisão, por exemplo, são feitas para quem pensa? São propagandas inteligentes? Se você analisá-las criticamente vai logo perceber nelas muitos efeitos especiais, muita gente bonita e charmosa, muito apelo consumista, mas nada que o faça parar para pensar.

Mas, vá por mim, a introspecção ainda tem uma grande importância para o ser humano que procura dar o melhor de si o tempo todo, para aquele que quer fazer a diferença no mundo. Então, mesmo não sendo fácil, recomendo que você sempre destine um tempinho para estar consigo mesmo e com sua consciência, refletindo e se reavaliando, digerindo o que você vê, como percebe as coisas que lhe acontecem, o que sente, como reage diante de algo que não lhe agrada, pensando sobre o que deve manter e o que deve mudar.

A reflexão é um exercício contínuo, que o levará a pensar de forma consistente, para então concluir, decidir e realizar.

Agora, voltemos a falar de mudanças. As pessoas têm muito medo de mudar, pois não se conscientizam de que mudamos para permanecer os mesmos. "Como assim?", você deve estar se perguntando com cara de ponto de interrogação. Imagine se nos comparássemos agora a um microcomputador. É claro que queremos ter sempre à mão um equipamento de última geração, que seja rápido, eficiente, que seja de fato um instrumento à nossa disposição, e não algo que fique nos atrapalhando. Quando seu computador já não parece tão ágil quanto antes o que você faz? Manda para a assistência técnica atualizar o processador, aumentar as placas de memória e trocar o software pelo mais moderno. Ou seja, você muda tudo para continuar a ter um equipamento de ponta, certo? Assim é também conosco quando refletimos e nos reavaliamos o tempo todo, porque queremos continuar a ser o melhor que podemos ser. É nesse ponto que digo que mudamos para permanecer os mesmos: mudar para continuar em equilíbrio comigo e com o mundo.

Às vezes, o melhor caminho é a mudança radical, afinal é preciso que o velho morra para que nasça o novo. Pode ser que você já tenha feito tudo que era possível para melhorar o desempenho do seu computador, mas não foi o suficiente. Você conclui que é melhor trocar de equipamento. Há alguns anos, conheci uma empresária do setor gráfico que me disse ter feito três atualizações em seu equipamento em menos de dois anos e no fim optou por comprar um modelo novo, dizendo que precisava do melhor para trabalhar bem. É claro que sim. Mas o que ela não contou, porque não havia descoberto, é que quem precisava de uma mudança radical era ela, pois, em suas próprias palavras, já não era tão procurada quanto antes. Ela sabia avaliar o equipamento que tinha, mas não fazia a mesma coisa consigo mesma; continuava a desenvolver suas atividades do mesmo jeito que fazia dez anos atrás. Alegando confiar no seu taco, essa mulher levava a vida como se o mercado de trabalho, as pessoas e ela própria fossem imutáveis.

Essa não é uma atitude isolada. Conheço muita gente que investe em equipamento, mas deixa de fazer uma reflexão sobre suas habilidades e atitudes. O problema é que a maioria das pessoas sente dificuldade em se avaliar e determinar o que está bom e o que precisa ser erradicado em suas práticas, tanto na vida pessoal quanto na profissional. Tais pessoas temem de tal forma a crítica — a sua e a dos outros — e as mudanças que se fazem necessárias quando algo não vai bem que acham melhor confiar eternamente no próprio taco, como se ele nunca envelhecesse, se desgastasse e quebrasse.

Quando você se empenhar no processo contínuo do autoconhecimento, refletindo e se reavaliando, ficará mais fácil descobrir seu talento, seu propósito e sua missão. E uma grande ajuda é ouvir o que os outros têm a dizer sobre você. Sempre que possível, pergunte a outras pessoas — seu chefe, seus parceiros, clientes, amigos ou familiares — como elas o veem. Mas é importante saber ouvir. Apenas ouça, sem tentar se defender ou se justificar. Parece difícil no começo, mas vale a pena superar os medos e descobrir como o seu desempenho e as suas atitudes estão sendo avaliadas. Com base nas informações que recolher, você poderá traçar as estratégias de mudança.

Lembre-se de que tudo tem um tempo certo para amadurecer. Por mais que evolua a medicina, os bebês ainda precisam de nove meses para nascer. Isso também se aplica às mudanças necessárias. Não é porque você identifica o que é preciso mudar que essa mudança acontecerá em um estalar de dedos. Não! Mas já é meio caminho andado.

Muitas vezes as pessoas se tornam vítimas de suas próprias expectativas. Adotam um modelo ou um exemplo a ser seguido, esquecendo-se de quem são, ou desconhecendo quem são e do que são capazes. Ouço muito por aí: "Quero ser bem-sucedido, como é o presidente da empresa em que trabalho"; "Quero ficar famosa como cirurgiã, porque só assim serei feliz"; "Vou seguir os passos do meu pai, que foi um grande homem"; e várias outras ambições semelhantes. Essas pessoas, quando não conseguem atingir suas metas, se frustram e praticamente não saem do lugar, pois acham que o Universo conspira contra elas. Você não acha pretensão demais? Às vezes, o modelo que serve para um não serve para outro...

A única pessoa a quem podemos nos comparar é a nós mesmos. Somos únicos quando comparados ao mundo inteiro! Somos únicos na maneira de pensar, sentir e agir. Quando nos conhecemos profundamente, assumimos quem somos e deixamos de nos comparar às outras pessoas. Assim, poderoso leitor, mais uma vez afirmo que o autoconhecimento traz liberdade. Neste caso, a liberdade de ser você para os demais e para você mesmo, sem necessidade de desempenhar papéis que são de outros.

E, por falar em papéis, vamos ver o que você afirmaria com certeza em relação ao talento:

a. Pessoas talentosas são aquelas que mostram aptidões fantásticas, que vão além das habilidades normais.

b. Só considero talento a capacidade intelectual, pois não vejo nenhum mérito em ser eleito o colaborador do mês.
c. Talento é a vocação para alguma atividade artística, como teatro, música ou artes plásticas em geral.
d. As grandes empresas garimpam os cérebros talentosos ainda na universidade, oferecendo-lhes estágios atraentes.
e. Nenhuma das opções anteriores.

Confira sua resposta a seguir...

Você tem talento para o quê?

Talento é a capacidade que temos de explorar os frutos da experiência pessoal para alcançar a realização. É descobrindo o talento que temos, alinhado ao propósito, que chegamos à automotivação, que, para mim, é a felicidade a que todos nós temos direito.

Quando escrevi o *Supervocê*, tomei conhecimento de um levantamento feito por pesquisadores norte-americanos apontando que cerca de 60% das pessoas com um emprego regular tinham interesses diferentes dos interesses das empresas em que trabalhavam. Outros dados revelavam que os problemas gerenciais, em sua grande maioria, estavam relacionados com a falta de motivação e não com a competência. Sabe o que isso significa? Que muitas vezes as pessoas não identificam seus verdadeiros talentos, assumindo posturas, cargos e propósitos que não são seus.

Somos frutos do que pensamos, do que sabemos, do que sentimentos e do que fazemos. Hoje, além de estarem conscientes desse fato, as organizações reconhecem para si a importância da contribuição de pessoas que integrem harmoniosamente o pensar, o saber, o sentir e o agir. Embora continuem valorizando os conhecimentos técnicos e teóricos de um especialista, elas buscam profissionais que agreguem outras características ainda mais valorizadas, como criatividade, flexibilidade, generosidade e afetividade, e que tenham um estilo de vida compatível com seus valores.

Posturas do tipo: "No trabalho sou uma pessoa bem diferente do que sou em casa", ou: "Não levo problemas do trabalho para casa nem da casa para o trabalho", outrora até ditadas por profissionais em cargos de chefia, que preconizavam e se gabavam de não misturar vida pessoal com vida profissional, não fazem mais sentido. Não podemos ativar algumas qualidades nossas em determinada parte do dia e não em outras. Ninguém é criativo apenas no trabalho, assim como ninguém é habilidoso apenas em casa. Somos criativos e habilidosos na vida!

Cada vez mais as organizações estão buscando profissionais que se destaquem por suas qualidades humanas e pela aptidão de aumentar seus recursos e suas potencialidades de forma contínua e integrada. Todos os dias, em encontros, palestras e reuniões, presencio testemunhos que confirmam essa afirmação. Ao mesmo tempo, também vejo as empresas preocupadas com o bem-estar físico, mental e emocional de seus colaboradores, em uma nova ordem de "recursos humanos" em que o colaborador não é mais visto como pessoa dividida entre profissão e vida particular.

O gerente de segurança e saúde do trabalho que conheci em uma indústria química, por exemplo, fazia questão de se reunir uma vez por mês com todos os colaboradores para reafirmar a ideia de que eles eram igualmente importantes para a empresa, para a família e para a comunidade onde viviam. Assim, todos deviam observar que as mesmas normas de segurança praticadas na empresa fossem aplicadas aos demais setores da vida. Ele me falou sobre a diretriz da empresa: "Queremos que nossos funcionários cheguem ao trabalho bem-dispostos, tranquilos e em segurança. Queremos, ainda, que eles voltem para casa da mesma forma: bem-dispostos, tranquilos e em segurança. Eles devem entender a responsabilidade como pais de família, cidadãos e profissionais, da mesma forma que nós entendemos a nossa responsabilidade social na formação de um novo tipo de homem: o cidadão consciente."

Embora ainda existam sobretudo pessoas em cargo de chefia que consideram recomendável separar o pessoal do profissional, as organizações modernas valorizam as pessoas harmoniosas e equilibradas, capazes de aliar à competência, à habilidade e à eficiência no trabalho também a alegria e a afetividade com que marcam sua vida, e, igualmente, que levam para a vida pessoal o respeito e o empenho que dedicam ao trabalho. Ou seja, não mais uma pessoa compartimentada, mas integrada em qualquer circunstância.

Assim, nada mais justo do que, colocando lado a lado empregadores e empregados, contratantes e contratados, ambas as partes avaliarem e escolherem com quem e quando desejam trabalhar. Um patrão pode exigir determinado perfil de um colaborador, mas um profissional também deve escolher com que empresa deseja trabalhar.

Essa proposta pode parecer um tanto irreal em um país como o nosso, em tempos de crise e de desemprego como o que vivemos, mas reafirmo que a tendência mundial é unir trabalho e satisfação, porque é fato comprovado que a produtividade aumenta em proporção direta à satisfação das pessoas envolvidas. Em linhas gerais, a ideia é a de que tanto organizações quanto profissionais estão em busca da felicidade, uma condição que só traz benefícios: lucro, reconhecimento, realização, tranquilidade, alegria e bem-estar.

Tais benefícios, porém, não caem do céu. Precisamos lutar por eles, nos empenhar e nos comprometer nessa trajetória. Se mesmo assim não nos sentirmos felizes, é porque alguma coisa está errada e precisa mudar. Para mudar, é necessária uma reflexão profunda e uma reavaliação em busca do erro, o que só pode ser feito, como já vimos, pelo autoconhecimento, num processo que nos indique quais são de fato nossos talentos, propósitos e missão.

Já falamos do autoconhecimento, que é fundamental, mas só ele não basta. O conhecimento também é fundamental. Gerenciar é diferente de administrar, e é preciso ter técnica, ter embasamento teórico; não é possível escrever uma história de sucesso apenas com tentativas de erro e acerto. Você pode ter talento, ter um diferencial, mas também precisa ter o conhecimento.

Da mesma forma que o autoconhecimento é um processo contínuo, o conhecimento deveria também ser assim encarado. Hoje a tônica é a educação continuada. As empresas esperam que seus colaboradores e prestadores de serviço se reciclem, que invistam em si mesmos em busca de técnicas e métodos mais avançados, mais testados mundialmente; algumas até oferecem programas de apoio à educação do trabalhador.

No entanto, às vezes ouço histórias de alguns profissionais que me chocam. Um gerente que acabara de conquistar o certificado ISO 14000 mostrou-se orgulhoso, mas me confidenciou que era obrigado a aprender, a se aperfeiçoar continuamente, a melhorar todos os dias, embora o salário continuasse o mesmo. Não lhe disse nada, mas pensei: "Será que ele não percebe a oportunidade que tem de crescer? A oportunidade que tem de aprender? A experiência não conta?"

Quando a única coisa que conta é o salário, certamente é porque a pessoa não faz o que lhe importa, porque ainda não descobriu seu talento. Sim, porque só faz bem aquele que se importa com o que faz, aquele que percebe a relevância do seu trabalho, e a relevância está muito ligada ao sentido de vida, pois algo só é relevante se tem a ver com o sentido de vida. Aqueles que consideram sua atividade profissional apenas um meio de subsistência naturalmente não podem gostar do que fazem e nunca encontrarão a satisfação interior, pessoal e intransmissível, de realizar um trabalho com paixão. Deveríamos nos perguntar todos os dias: o que me inquieta?, o que me importa?, o que me transforma?, o que faz eu me sentir vivo?

Pois você se compromete com o que lhe importa. É por isso que quando um ser humano se compromete o universo se compromete a seu favor. E, quando me comprometo, eu estou exercendo a minha liberdade. Quando eu faço o que não me importa, faço o que tem que ser feito por imposição da situação ou pelas condições que se apresentam, e isso é obrigação e não tem nada a ver com comprometimento, pode até ter compromisso e responsabilidade, mas não tem liberdade. Porque não tem escolha. Quando eu escolho uma coisa, renuncio a outra, mas quando se escolhe pela alma, não se sente a renúncia, porque é um exercício da vontade, da liberdade, da alma.

Pesquisadores do mundo do trabalho acreditam que a paixão também está associada ao aspecto profissional, e garantem que esse sentimento constitui um fator determinante para o sucesso pessoal. Se fizermos o que realmente nos importa e colocarmos em prática nossos talentos, nos sentiremos apaixonados e felizes, nos sentiremos importantes e reconhecidos. É por isso que gosto de dizer: procure o prazer e encontre o sucesso.

Mas o que acontece com uma pessoa que não tem liberdade para fazer o que gosta, seja porque não recebeu formação específica, seja porque as condições de vida não lhe permitem ousadias maiores? Estaria tal pessoa fadada à pobreza e a uma vida insípida? Como posso falar em paixão para alguém que se vê obrigado a trabalhar à beira de um forno ou nos andaimes de uma construção, faça chuva ou faça sol? Essa pessoa pode me questionar, e com toda razão: "Tenho de ser pontual e não posso faltar ao serviço; trabalho o dia todo, numa tarefa pesada, aguentando o mau humor do meu chefe e ganhando pouco... Além de tudo isso, ainda tenho de ser apaixonado pelo que faço. Será que algum dia serei feliz? Será que tenho chance de alcançar o sucesso?" Sem medo de errar, eu responderia sim a essas perguntas, pois acredito que na relação entre indivíduo e profissão a paixão está vinculada à relevância. Compreender a importância pessoal e social do que fazemos é o primeiro passo para a felicidade. Para o peão de obra, por exemplo, a relevância do seu trabalho pode residir não na função em si, mas na dignidade de poder oferecer educação ao filho: o sorriso do garoto e seu desenvolvimento saudável fazem a vida desse trabalhador valer a pena e justificar todos os sacrifícios.

Poderoso leitor, acredito que eu tenha conseguido mostrar a você que talento, então, é um atributo que todo ser humano tem, e não apenas os superdotados. É uma inteligência natural, um dom divino, que todos recebem sem aviso e sem manual de instrução. Talentos não são aprendidos, e sim descobertos. Podem ser detectados em quaisquer atividades humanas, até mesmo nas menos valorizadas, como são as atividades braçais. Um professor, um vendedor ou um pedreiro bem-sucedido são apenas pessoas que descobriram seu talento. E, da mesma forma, você deve descobrir o seu. Como? Tudo que precisamos é dar oportunidade para que os talentos aflorem. Se você afastar os preconceitos de julgar determinadas atividades melhores do que outras, ou mais importantes, e abandonar de vez a ideia de que poucos têm talento, já estará dando o primeiro passo para reconhecer seus próprios talentos.

Ainda para ilustrar o fato de que basta entender que tudo é fruto da forma como nos posicionamos diante do que fazemos, costumo contar o caso de um eletricista que foi questionado a respeito da sua profissão. Ele poderia simplesmente ter dito que consertava fios e postes de energia elétrica, mas respondeu, com orgulho: "Ajudo a iluminar o mundo."

E você? Já descobriu seus talentos? Faço-lhe a seguinte pergunta: se ganhasse hoje 10 milhões de reais e tivesse tempo de sobra para fazer o que bem entendesse, o que você faria? Se a sua resposta for: "Vou continuar fazendo as mesmas coisas que faço hoje", é porque você está realizando o que veio para realizar, e esse é o seu grande diferencial, pois é a sua essência, o seu real objetivo de vida. Mas, se você responder que quer fazer tudo diferente, é porque está insatisfeito, infeliz, precisando ainda se conhecer melhor, precisando ainda mudar as coisas que devem ser mudadas, para descobrir o seu talento e a sua missão. E isso não tem nada de errado. Às vezes, uma pessoa que parece que encontrou o seu lugar no mundo em outro momento está se sentindo vazia, vazia, infeliz, porque está na hora de mudar.

É interessante saber que o talento não é absoluto. Durante a vida vamos descobrindo novos talentos na medida em que nos permitimos arriscar. Quantas coisas há em nós e nós não as vemos, pois são transparentes?

Assisti a um filme chamado *O visitante* (*The visitor*), cujo protagonista, Walter Vale, professor universitário que mora em Connecticut, já com mais de 60 anos, queria aprender piano. Na verdade, ele estudava piano e não saía do lugar; mudava de professora de piano, para ver se a coisa andava melhor e nada. Mas ele não desistia, porque era persistente — às vezes a persistência é má, assim como tudo pode ser bom ou mau, dependendo do contexto —, e se esforçava — às vezes nos esforçamos demais em coisas com as quais não vamos chegar a nada e mal saímos do lugar. Por isso é que digo que tem de haver relevância no que fazemos, porque nem sempre é ruim esforçar-se demais e não sair do lugar. Por exemplo, se Thomas Edison, que inventou a lâmpada, tivesse desistido na décima tentativa, não teria chegado ao resultado que queria. Há talentos que iniciam uma investigação, uma empresa ou uma obra que é para justamente dar oportunidades a outro talento, às vezes até em outra época, continuar o feito. Isso é maravilhoso, porque nos sugere sermos parte de uma história maior, a história da humanidade. Mas temos que ter inteligência também para percebermos quando estamos desperdiçando nossa energia (esforço) com uma teimosia que de verdade nada tem a ver com os nossos talentos, nosso sentido de vida.

Voltando ao filme, o professor Vale, por obra do inusitado, teve que ir a Nova York para uma conferência, e lá, passando por uma praça, antes de ir à conferência da qual iria participar, de terno e gravata, vestido de executivo, vê dois negros dando um espetáculo de percussão com duas latas de tinta. Ao redor, todos estão parados, olhando; ele também para, de terno e gravata, todo executivo, e admira aquilo. Bem, por obra da divina providência, ele encontra morando em seu apartamento, ao qual não ia há algum tempo, um jovem casal. A moça é senegalesa e o rapaz sírio é percussionista. O professor, então, pela primeira vez, sente vontade de tocar timidamente um atabaque, mas como um professor, com toda a sua rigidez e formalidade, pode sair do esforço do aprendizado de piano clássico para o prazer, para a ousadia e o risco de abrir as pernas e colocar entre elas um cilindro com couro em cima e começar a acariciar, com leves tapinhas, percutindo sobre essa pele? É quando esse professor de terno e gravata sai da transparência, do silêncio, e começa a perceber uma nova realidade ao seu redor, a partir da percussão. Tudo estava ali mesmo, ele não mudou de lugar, mas mudou o olhar. Quando o observador muda, a realidade também muda.

Uma pessoa pode viver a vida inteira sem nunca saber do que é capaz. Mas não é esse o seu caso, não é mesmo, meu poderoso leitor? Devo lhe dizer, porém, que, dentre os obstáculos que podem impedi-lo de usufruir do seu talento, há um enorme e do qual falarei no próximo capítulo.

Antes, preciso lhe fazer mais uma pergunta: o que você pensa a respeito do medo?

a. Acho que o medo é apenas um sinal de fraqueza.
b. Só tenho medo de coisas que fogem da minha alçada.
c. É melhor fazer de conta que ele não existe do que ceder a ele.
d. Isso não existe; é uma coisa inventada para conter o espírito humano.
e. Nenhuma das opções anteriores.

Confira sua resposta a seguir...

Um monstro chamado medo e o que fazer com ele

Muita gente antes de mim já disse que o medo é importante na nossa vida. Sem dúvida, o medo é o instrumento mais usado para garantir a segurança das crianças, pois todas elas são ensinadas, através do medo, a não brincar com facas, tesouras e fogo, por exemplo. (Embora eu não concorde com isso, pois ensinar através do medo é manipular, é o oposto do conceito de confiança, essa é a realidade. Por que não podemos educar na confiança em vez de usar o medo como meio de ensinamento?) Também é útil para nós, adultos, para não colocarmos nossa vida em risco, ou para não corrermos riscos desnecessários.

Agora, pode parecer estranho eu dizer isto, mas o medo é uma coisa positiva. Não estou falando daquele medo do tipo pânico ou fobia, pois ambos são muito intensos e geralmente precisam ser tratados; mas falo daquele medo que todo mundo sente, acompanhado de um friozinho na barriga. Esse medo tem um lado positivo, porque é ele que nos faz crescer, mudar, nos superar. O medo nada mais é do que um mecanismo de autopreservação, e uma das coisas que ele faz é nos colocar em estado de alerta. Com medo, tomamos mais consciência de nós, do entorno e do mundo. Você já reparou que, quando teme alguma coisa, você presta a maior atenção a ela, para não fazer bobagem? Tudo que fazemos com certo receio fazemos também com mais cuidado. Para tomar uma decisão que envolve algum risco, por exemplo, o medo de errar nos faz ir atrás de informação, pedir a opinião de alguém ou simplesmente ser cuidadoso, e isso é muito positivo.

O medo também faz as pessoas se mexerem de vez em quando. Se a vida fosse um mar de rosas, se nada acontecesse para nos ameaçar, ou para ameaçar o nosso emprego, será que estaríamos sempre evoluindo, sempre aprendendo? Tenho minhas dúvidas. Porque é só bater um ventinho de crise no mercado que todo mundo trata de mostrar serviço, com medo de ficar sem trabalho. É ou não é? Mais um ponto positivo para o medo.

Eu sei que ninguém gosta de sentir aquele aperto no estômago, aquele calafrio que o medo dá, mas, se sentir medo é inevitável, é melhor que ele seja aliado do que inimigo. Não acha? O medo nos mobiliza, nos empurra para frente, nos tira da acomodação. No entanto, para que o medo nos beneficie, precisamos distinguir os medos que são nossos dos medos que pertencem às outras pessoas.

Na maioria das vezes os medos que sentimos não são nossos, mas de outros, e nos foram incutidos. Não nascemos com os medos: nós os vamos adquirindo com o decorrer da vida, os vamos acumulando, junto com uma percepção de mundo mais ampla. É claro que existem os medos legítimos, como o medo do desemprego — e este é o pior inimigo da autoestima —, o medo de desenvolver um câncer, o medo de ser abandonado. Para mim, o medo só é legítimo quando não está na imaginação, mas, sim, no fato concreto, no fato real. Por exemplo, ter medo de um *tsunami* em São Paulo, ter medo de cobra na Avenida Atlântica, em Copacabana, ter medo do desemprego se não há sinal nenhum para isso, ter medo de ser abandonada pelo marido só porque sua mãe foi abandonada pelo seu pai etc. não são medos reais, mas a criação de medos na imaginação; alguns até podem acabar se tornando reais, porque acabamos por criá-los, afinal os olhos veem o que estamos buscando. De qualquer forma, é um sofrimento porque a pessoa sente o medo mesmo não sendo ele real. Mas há outros que nos foram transmitidos, como o medo do desconhecido, o medo do fracasso, do ridículo, do que os outros vão pensar... — um bom antídoto para este último é uma frase de Einstein que costumo usar: "O que você pensa de mim é da sua conta e não da minha." E é frequente acontecer de esses medos adquirirem proporções exageradas, distanciando-nos das oportunidades reais, do sucesso, fazendo com que nos tornemos tímidos, inseguros, não assertivos. É aí que digo que eles não passam de fruto de um grande ego, de uma grande pretensão da nossa parte, da pretensão de sermos perfeitos.

Quando isso acontece, somos capazes de fazer coisas que nem imaginamos para não nos expor às situações que nos amedrontam, até mesmo abrir mão dos nossos sonhos, das nossas vontades. E, visto sob essa ótica, de proporções exageradas, tais medos podem até mesmo bloquear o nosso desenvolvimento pessoal, profissional e social. Porque o medo é poderoso, viu? Enganam-se os que pensam que não. Assim como pode ser positivo, o medo também pode ser negativo. Ele mina as nossas forças, agindo na base delas; sufoca os nossos anseios, nos paralisando; bloqueia a nossa criatividade, fazendo com que tudo fique cinza; e, por fim, compromete a nossa evolução natural, dos seres humanos que somos.

Além disso, e também para evitar que nos exponhamos às situações ameaçadoras, nos impomos uma série de condicionamentos colecionados vida afora, que mais nos prejudicam do que ajudam. Por exemplo, dizemos que homem não presta e acabamos com medo de sermos usadas; ou dizemos que brasileiro tem que tirar vantagem de tudo e daí sempre achamos que tem gente querendo se aproveitar de nós, nos passando para trás. Esses condicionamentos são os paradigmas que devem ser evitados. Uma coisa é ser precavido e outra é ter medo doentio.

Assim como eu, você também foi educado para ser íntegro, responsável, competente e bem-sucedido. Assumimos como nossos os ideais de bem-estar da sociedade à qual pertencemos e, assim, aprendemos a dar valor ao reconhecimento financeiro e social por nossos esforços. Mas não precisamos temer a crítica de outros, pois elas são problema desses outros; não precisamos ficar com medo do fracasso, porque isso faz parte do jogo; não precisamos ter medo de mudar, do desconhecido, pois basta saber que quando as coisas não acontecem como queremos é porque irão acontecer de forma melhor do que pensávamos.

Em determinado momento da minha carreira, fui convidada a apresentar um programa de televisão na Rede Mulher. Foram meses de planejamento, com entraves e mais entraves, até a estreia do programa. Eu me esforçava, mas a coisa não saía do papel. Foi quando, por acaso, encontrei Irineu Gasparetto, colega de consultório na época, que me perguntou como estava indo o projeto. Disse-lhe que não estava andando, parecia que havia algo emperrando. E ele me olhou, como se percebesse alguma coisa que eu não via, e falou: "Mas que medo de fazer sucesso, hem, Leila?" Era verdade, fui obrigada a reconhecer. O tempo todo eu sentia um frio na barriga por ter assumido tamanha responsabilidade. Era o medo de fracassar. Daí em diante, após ter reconhecido meu medo, tudo ficou mais fácil.

Só podemos enfrentar o medo quando o reconhecemos. É fácil falar isso, não? O difícil é pôr em prática... Fazemos de tudo para disfarçar nossos medos, para não confrontá-los, e até mesmo negar que sentimos medo. São inúmeras as situações em que as mãos ficam úmidas, o estômago dá um nó e o coração dispara. Mas dizemos para nós mesmos que não é medo, que só estamos um pouco tensos, meio nervosos diante de tal fato. É medo. Todos nós sentimos medo, pois é ele uma emoção tão natural e tão inerentemente humana quanto qualquer outra.

Além do medo de morrer e de ter uma doença grave, você tem medo de quê? Admita, não é vergonha nenhuma. Admita, pois não se vence o medo olhando para fora. Você deve olhar para dentro de si mesmo, se questionar sobre seus medos, e concluir se são seus de fato ou se são de outras pessoas. Depois, deve olhá-los de frente. Lembra-se daquele ditado que diz: "Se correr o bicho pega, se ficar o bicho come"? Pois é, mas, se enfrentar, o bicho foge! É isso que diz Roberto Crema, escritor, conferencista e professor da Universidade da Paz das Nações Unidas.

Enfrentar o medo significa identificar sua causa. Se neste momento de crise você está lidando com o desemprego, ou se, ao contrário, está tateando para iniciar sua carreira, encare seu medo de frente e entenda que a beleza da vida, a mágica é, mesmo tendo medo, arriscar e aproveitar as oportunidades, pois são elas que nos levarão adiante. Quem sabe você não se descubra um empreendedor nato. Ou talvez se prepare para o empreendedorismo, procurando cursos de capacitação. Você só não pode deixar que esse medo o paralise. Se seu medo estiver relacionado com uma nova responsabilidade, digamos que seja uma função para a qual você não se sinta preparado, não fique travado. É normal ficar de pernas bambas. Converse com as pessoas que estão envolvidas nesse novo projeto, busque capacitação através de cursos ou livros, reúna informações, peça ajuda se for necessário. A melhor estratégia para enfrentar o medo do novo é estar bem informado e preparado. Se você não acertar, garanto que não será o primeiro nem o único.

Também é importante você se perguntar se o que sente é medo ou falta de autoconfiança, pois, por trás de toda mudança e de todo medo do desconhecido, você pode encontrar aquela sensação de falta de fé no seu taco, no seu poder pessoal, em suas habilidades. Ou pode ser que não reconheça suas habilidades de fato, e se não enfrentar os desafios, nunca irá reconhecê-las. Você estará alimentando sua autoconfiança ao se permitir enfrentar as situações que lhe provocam medo. Enfrente um medo de cada vez, primeiro os pequenos, depois os maiores, e com isso você vai aumentando a sua confiança em si mesmo.

Até aqui, falamos dos medos causados por um grande ego que exige ser perfeito em tudo que faz, ou daqueles medos que nos foram incutidos no decorrer da vida. Agora, se seus medos forem mais profundos, originados por uma situação traumática, eles exigirão eventualmente uma abordagem mais técnica, pois podem apresentar uma dificuldade maior. Sei que há caminhos que podem ajudar a vencer medos desse tipo, como o exercício de ir até as últimas consequências de viver o máximo desse medo. Outras formas incluem falar sobre o pior momento de medo de sua vida e sobre a conquista subsequente — porque todo fato trágico propicia um ganho —, e ver uma desgraça pior que a sua. Porém, se seu caso for esse, de medos profundos, recomendo que você considere a possibilidade de procurar ajuda de um psicoterapeuta, um conselheiro ou um *coach*.

De qualquer forma, você estará encarando seu medo e removendo um grande obstáculo, ao descobrir que o que o assustava não era um monstro tão feio quanto parecia, ao descobrir que para vencê-lo você não precisa de nenhuma arma de última geração, pois basta ter consciência do seu verdadeiro tamanho, dos propósitos que o motivam e do papel social que você desempenha. Dessa maneira, você vai transformar seu medo em energia, em crescimento. O que você não pode fazer é ficar com medo do medo e tentar evitá-lo, porque agindo assim você perde uma grande oportunidade: a oportunidade de aprender.

Poderoso leitor, até aqui você está indo muito bem. Já viu a importância do autoconhecimento, descobriu que tem talentos e que basta deixá-los aflorarem, e é capaz de reconhecer seus medos e de encará-los. Mas há mais uma coisinha que está impedindo você de realizar plenamente seu potencial. Veremos qual é no próximo capítulo.

Então, vamos ao nosso teste. Quero que reflita rapidamente sobre como você tem resolvido — ou complicado — seus problemas e responda:

a. Quando tenho algum problema, dedico-me 100% a ele, trabalho duro, até resolver.
b. Não tenho tempo para ter problemas; o trabalho me absorve tanto que não fico prestando atenção em picuinhas.

c. A melhor coisa que existe para enfrentar um problema é relaxar; tudo fica mais claro depois que eu relaxo.
d. Às vezes, dá vontade de sentar num canto, ficar quieto e esperar que os problemas se resolvam por inércia.
e. Nenhuma das opções anteriores.

Confira sua resposta a seguir...

Os escapes: procrastinação, fuga, estresse e compulsão

As necessidades, ah, as necessidades... Quantas! E não são só materiais, mas de toda ordem. Não só as básicas, porque a lista das secundárias, terciárias e assim por diante cresce constantemente. E não são apenas as nossas, mas também há aquelas que a sociedade nos impõe. Acompanhe comigo.

Necessidade de consumo: sim, temos fome e sede, mas perceba o quanto damos importância a produtos específicos, consumidos e valorizados por nossos vizinhos e colegas de trabalho. Precisamos de um sanduíche big-alguma-coisa, que todo mundo come; para matarmos a sede precisamos do refrigerante tal, que o mundo todo conhece. No quesito vestimentas e acessórios, não basta que a roupa nos caia bem, ela tem de ser marca X e a bolsa da marca Y.

Necessidade de segurança institucional: um teto e uma cama já não são suficientes, pois agora precisamos morar em condomínio que tenha vigilância e segurança o tempo todo; no carro, precisamos que ele seja blindado; e, é claro, precisamos contratar seguros: de casa, de carro, de saúde, de vida, contra roubos, acidentes, incêndios, porque só assim nos sentimos a salvo de qualquer episódio desagradável. Mas perceba que toda essa segurança não nos protege da vida e da morte!

Necessidade de pertencer: você tem de estar ligado a alguma organização para ser reconhecido, pois só pertencer a uma família não significa nada. Quando telefono para alguém em uma empresa, imediatamente me perguntam: "Dona Leila de onde?" A menos que você seja o Lula, a rainha Elizabeth ou o papa, nem seu sobrenome vai ajudar. "Ah, sim, dona Leila Navarro de onde?" A partir do momento em que você acrescenta a seu nome o nome de uma organização a qual pertença, será prontamente atendido: "Leila Navarro, da empresa Planeta Terra." Ser eu mesma já não basta. Conheci um ex-executivo da Roche que, despedido depois de muitos anos de trabalho, depois de ter conquistado aquele sobrenome, Fulano de Tal da Roche, se sentia quase nu, sem referência, sem chão.

Necessidade de estima: é básico se sentir querido, admirado, cortejado. O que não é básico é acreditar que devemos reproduzir modelos de sucesso para conquistar a estima que almejamos. Se não entrar no modelo de beleza vigente — uma barriga malhada, uma lipo básica, um botox no rosto; cabelo encaracolado, então, nem pensar! —, você nem será notado. E haja trabalho para chegar ao escritório daquela empresa que você quer impressionar com um carrão, zero-bala...

Necessidade de poder: a realização pessoal precisa culminar necessariamente em dinheiro, em muito dinheiro, para nos sentirmos poderosos, porque já não basta a satisfação de realizar a nossa missão e sentir que cumprimos o nosso papel, não basta descobrir a relevância do trabalho que realizamos. Muita gente ainda acredita que a realização plena é o poder associado ao ganho material.

O que acontece quando você precisa disso, daquilo e daquilo outro? Não há quem aguente! É por isso que vemos comportamentos tão paradoxais como o das pessoas que se entregam ao trabalho de corpo e alma, os *workaholics*, que só têm olhos para a carreira, e daqueles que adiam tudo e se deixam dominar pela procrastinação. Há também os que procuram rotas de fuga, entregando-se compulsivamente aos vícios, como beber, fumar ou jogar. E há as vítimas do estresse, que nem são capazes de diagnosticar o que está acontecendo em sua vida. Nesse último grupo, é comum vermos relatos de pessoas que, no primeiro dia de férias, ficam doentes, por exemplo. O físico já dera sinais de que havia algo errado, mas o senso de responsabilidade profissional não permitia que essa pessoa entendesse a linguagem de seu corpo.

Eu já tive a minha época de *workaholic!* Fiquei tão enlouquecida no início da carreira de palestrante que me dedicava a ela dia e noite, sem tempo para família, amigos, relacionamentos, lazer ou espiritualidade. Só bem mais tarde é que vim a descobrir que tivera inclusive um problema de saúde, uma pneumonia, e que nem me permiti ter tempo para sentir qualquer mal-estar. Então entendi que havia um desequilíbrio entre mim e meu físico, e que algo precisava mudar.

É quando se instala esse desequilíbrio que o estresse aparece. O estresse é um conjunto de reações do organismo a agressões que podem ter diversas origens e que perturbam o equilíbrio interno. Ele se manifesta quando nos preocupamos demais, quando estamos sob pressão ou nos sentindo ameaçados, quando sentimos medo de situações concretas e imaginárias, por exemplo. O estresse é prejudicial, principalmente, se você não conseguir reagir bem a ele. Portanto, estar atento aos seus limites é fundamental. Se o estresse atrapalhar o seu desempenho e a sua qualidade de vida, é sinal de que está na hora de tomar atitudes contra ele. Dentre os sinais evidentes de que a pessoa está estressada, vemos esgotamento físico e mental, problemas de digestão, desânimo e irritação frequentes, distúrbios nervosos, problemas de pele, depressão, ansiedade e obsessão pelo trabalho.

Nestes tempos de agora, realizamos bem menos atividades mecânicas, que exigem esforços físicos, mas hoje somos muito mais submetidos a uma carga pesadíssima de trabalhos mentais, responsabilidades que não podemos largar por aí, deixar na gaveta do escritório ou colocar na pilha de pendências. Carregamos essa carga para casa, para a cama, para as horas de lazer, que é quando ela adora aparecer no fundo da sua consciência, dizendo: “Rã, rã...

Você ainda não preparou o *briefing* da nova palestra. O tempo está correndo, tique-taque..." Não nos desligamos e continuamos mentalmente a trabalhar o tempo todo, ficando exaustos, nervosos, estressados.

Também é comum entrarmos em um círculo vicioso de pensamentos sem ação. Estabelecemos metas para nós mesmos que acabam sendo impraticáveis, porque não são acompanhadas de um planejamento estratégico, ou, se são, às vezes dependem de um planejamento irreal, que corre contra o relógio ou que desafia a lógica natural das coisas. Outra situação: quantas vezes já não lhe aconteceu de brigar mentalmente com alguém? São entabulados diálogos enormes diante da situação hipotética! "Ah, se ele falar isso, respondo assim... Ou é melhor responder de outra forma? Talvez eu nem devesse responder. Mas não vou aguentar ficar quieto. Se eu falar com jeito, quem sabe." E a briga continua, sem levar a nada nem a lugar nenhum. Nesses casos, costumo dizer o seguinte: se pensar, aja! Porque pensar sem agir adoece! Quando pensa e não age, você apenas se preocupa, paralisando a ação nutritiva dos tecidos cerebrais e iniciando um processo de estagnação dos fluidos energéticos, o que leva à desvitalização do corpo e promove o adoecimento.

Há dois jeitos de interromper esse círculo vicioso de pensamentos sem ação: um deles é pela meditação, da qual falarei mais adiante; o outro é um bom puxão de orelha, que funciona muito bem em casos de emergência. Não ria. Estou falando de um puxão de orelha mesmo, pois, de acordo com a reflexologia e com a medicina oriental, determinados pontos do corpo estão relacionados a órgãos. No caso, o lóbulo da orelha está relacionado à cabeça e a tudo que há dentro dela, incluindo o cérebro. Um bom puxão de orelha, na hora certa e na intensidade certa, sacode a mente e ajuda a interromper nosso padrão mental.

Para domar o estresse, proponho algumas atitudes e atividades no meu portal, www.leilanavarro.com.br, incluindo evitar dar ouvidos e importância aos fatos ou boatos que podem causar ansiedade e mentalizar que você pode transformar o estresse em algo positivo, pois, como o estresse eleva o nível de adrenalina, você pode aproveitar essa energia para diminuir ou eliminar os fatores causadores do seu estresse. Outra dica é descansar o máximo que puder, mesmo durante o dia. E, se perceber que alguma situação irá irritá-lo, pare um pouco, pense em algo diferente que o faça relaxar. Uma sugestão que parece bobagem, mas que funciona, é: esqueça o relógio; o simples fato de tirá-lo do pulso já resolve muito do nosso estresse.

A meditação também ajuda a quebrar o padrão mental, porque ela carrega a vantagem de apagar sentimentos e informações inúteis, abrindo espaço e organizando a mente para novas ideias, sonhos e emoções. A meditação foi praticada no decorrer dos séculos por adeptos de várias religiões, que viam nela um meio para a elevação espiri-tual, mas hoje ela é difundida em todo o mundo e adquire uma conotação menos sagrada. Até as organizações empresariais se dão conta de sua eficácia e têm estimulado seus colaboradores a meditar com certa regularidade, apoiadas no fato de que tal prática restaura a energia interna e conecta corpo, mente e emoção, em um processo que resulta em bem-estar físico e emocional, equilíbrio e assertividade. Com o corpo, a mente e as emoções equilibradas, pensamos melhor e agimos melhor.

Descrito de maneira bastante simplificada, o processo se dá mais ou menos assim. Em silêncio, eu me recolho, de olhos fechados, atenta apenas à minha respiração. O corpo relaxa e a região central do tronco, onde residem as emoções, se aquieta. Os pensamentos deixam de existir, a mente se esvazia, não há mais preocupações. Não estou dormindo, mas descanso. Eu simplesmente sou. Segundo o depoimento de uma amiga, se não dedicar seus quinze minutos matinais à meditação, ela se sente despreparada para enfrentar o dia. Para ela a prática se tornou tão natural quanto lavar o rosto e escovar os dentes.

Nem tudo é tragédia. O importante é você detectar quais são as suas verdadeiras necessidades. Depois, se conscientizar dos seus comportamentos de fuga ou de procrastinação, e estar atento aos sinais que seu corpo dá o tempo todo, porque você e ele são um só e não duas entidades diferentes. Um tem de colaborar com o outro, hem? Pois não há talento que resista a um corpo submetido ao estresse constante. Ou você quer dar uma de marido traído e ser o último a saber que a vida, a sua vida, está indo embora?

Poderoso leitor, nosso assunto ficou meio tenso, não é verdade? Então, não vou lhe propor nenhum teste no fim deste capítulo. Vou simplesmente fazer um convite a você, para participar de uma atividade da qual desfruto muito e que quase sempre que me sinto nessas condições faço: vou ao cinema, pois adoro cinema, me faz um bem danado. Não é fuga, não; é exercício. E para mim tem que ter pipoca. Que tal jogar tudo para cima agora, pegar um saco de pipoca e assistir a um filme?

Capítulo 2

Hora de ir ao cinema

Voltando ao tema da resolução de problemas de que falamos no penúltimo capítulo, você já pensou como seria bom se pudéssemos ver a nossa vida com o distanciamento de quem assiste a um filme? Todo filme é uma história em si mesmo, mas podemos enxergar além dele. Dependendo das associações que fazemos entre determinada história e a nossa história de vida, as soluções podem aparecer com a mesma naturalidade com que surgem as próximas cenas na telona! A abstração cria essa possibilidade. E essa abstração específica eu chamo de distanciamento.

É esse mesmo exercício que fazemos quando analisamos o problema de um amigo. Nós o ouvimos, com atenção, analisamos todos os aspectos, pensamos nas variáveis, fazemos perguntas para nosso amigo, refletimos e eventualmente oferecemos algumas soluções. No fim, a pessoa vai embora, no mínimo mais calma, senão com alguma luz, e dizemos para nós mesmos: "Quem me dera meus problemas fossem tão fáceis de resolver!" Pois eu digo que são! Só você é que acha que os seus problemas são maiores do que os dos outros!

Vamos fazer um experimento. Assistiremos a um pequeno filme de verdade, mas do mundo da ciência. Trata-se de um experimento científico que vai nos ajudar a entender como funcionamos. O que vou lhe propor agora é que você siga perfeitamente as minhas instruções, para aproveitar o melhor desse experimento. Se você for do time dos ansiosos e correr para ver o resultado na página seguinte, perderá a oportunidade do aprendizado, o melhor do exercício, pois não é questão de acertar ou errar, mas é questão de aprender como funciona nosso cérebro. Você deverá parar de ler o livro agora, ir até um computador com acesso à internet e assistir ao pequeno filme que se encontra neste *link*: <http://viscog.beckman.illinois.edu/flashmovie/15.php>. Você clicará no vídeo que aparece na tela e prestará atenção nos jogadores com roupa branca, de calça jeans e camiseta branca, e contará com atenção quantas passadas de bola eles fazem. Mas somente os jogadores de roupa branca.

Agora, vou lhe dar um tempo para ir até o computador e fazer o exercício proposto. Não fique ansioso para ler a conclusão. Só vire a página depois disso.

Você contou 15 passadas de bolas entre os jogadores de roupa branca? Quantos jogadores de branco havia? Três? Quantos jogadores de roupa preta havia? Três? E você viu a hora em que chegou um macaco no meio das passadas de bola entre os grupos de branco e de preto e ainda bateu no peito com as mãos? Não viu? Volte a fita e assista novamente ao filme. E agora veja o que vê. Surpreso? Hahahaha... É genial, não? Eu também fiquei surpresa, e não consegui ver o macaco na primeira vez. Há pessoas que conseguem, mas a maioria não consegue. É genial, porque a partir desse filme você consegue se dar conta de como é que faz em sua vida, principalmente quando está estressado.

É interessante estar consciente dessa nossa possibilidade e da nossa atenção. Por que não posso sempre ver as coisas como vi da segunda vez em que assisti ao filme, podendo ver os jogadores de branco, contar as passadas, os jogadores de preto, saber quantos são, poder até contar suas passadas de bola e ver também o gorila? Pense nisso. Quantas passadas de bola os jogadores de camisa preta deram?

Sobre o experimento "Gorilla", dos pesquisadores Daniel Simons e Christopher Chabris: "O pesquisador diz que mostrará um vídeo com dois times, um vestido de preto e o outro de branco, ambos jogando bolas de basquete. Ele solicita que você conte o número de vezes que o time branco passa a bola. Após um minuto, o pesquisador interrompe o vídeo, pergunta a quantidade de passes e então pergunta se você viu o gorila. Pelo menos 50% das pessoas que veem o vídeo pela primeira vez não veem o gorila. Ao passar o vídeo novamente, todos são capazes de vê-lo. Contudo, em situações em que os sujeitos estão vendo o vídeo pela primeira vez, mas não são solicitados a contar os passes do time branco, quase sempre o gorila é visto. Os pesquisadores explicam que muitas pessoas deixam de ver o gorila por causa de um processo chamado "cegueira atencional" (*inattentional blindness*). Nossos cérebros só são capazes de focar em poucos detalhes a cada momento. Nós 'desligamos' o resto e nos tornamos cegos para objetos mesmo que estejamos olhando para eles. Isso explica por que, por exemplo, você pode não notar um amigo acenando para você em um teatro cheio se você estiver focado em achar uma cadeira vazia. Entre outras situações."[1]

Agora, vamos imaginar que você tem um jantar com a família da sua namorada na sexta-feira à noite, que é quando vocês dois vão oficializar o noivado, e que não pode se atrasar de jeito nenhum. No escritório, as coisas estão complicadas; para a reunião de segunda-feira de manhã, seu chefe vai precisar desse relatório que você ainda está terminando. Então, você simplesmente desliga o celular, tira do gancho o telefone que está na sua mesa e se concentra na tarefa. Duas horas de trabalho duro, mas valeu a pena, o relatório ficou muito bom. Falta uma hora para o seu jantar e falta imprimir o relatório. Todos já foram embora, afinal é sexta-feira! Acontece que sua impressora ficou sem tinta e você se esqueceu de pegar o *tonner* com a pessoa que organiza o material de escritório do departamento. Você está com tempo, então resolve passar em casa para imprimir o relatório na sua jato de tinta e deixar na mesa do chefe, antes de ir ao jantar. Ao chegar ao estacionamento da empresa o que você vê? O pneu do carro furado! Essa não! Não é possível, que droga!

Parece que estou vendo a cena: você xingando e chutando o pneu do carro, se sujando e amassando inteiro para trocá-lo rápido, mesmo sem nunca ter trocado um pneu antes na vida, o parafuso da roda rolou sei lá para onde, e como é que faz para soltar o estepe do porta-malas?... E o tempo correndo! Você não acredita que uma situação dessas possa estar acontecendo com você, e fica tão atarantado que não consegue pensar em uma alternativa para sair daquela encrenca. Em vez de ligar para sua namorada, dizendo que teve um problema, ou mesmo tomar um táxi e ir para o compromisso mais importante, você continua lidando com um pneu e à beira de um ataque de nervos...

Ao lidar dessa forma com seus problemas, fica claro por que eles são maiores do que os dos outros. Enquanto você concentra sua atenção no problema em si, todo o resto para. O problema não se resolve, você não consegue encontrar uma solução para sair do impasse e ainda esgota toda a sua energia em uma situação que não vai levar a lugar nenhum. É uma verdadeira cegueira atencional, situacional, que leva à imbecilidade, pois me dá a sensação de que emburrecemos.

Se quiser encontrar soluções para o seu problema, você precisa aprender a se distanciar dele. É preciso deixar de olhar só nessa direção e perceber as possibilidades que estão na sua frente.

Em vez de se concentrar naquele pneu, por exemplo, você deveria se distanciar da situação, como se afasta uma câmera de cinema, quando quer mostrar o cenário em volta de uma pessoa, e restabelecer a calma. Então perceberia que o tempo estava passando e que a prioridade não era trocar o pneu, mas comparecer a um compromisso que requeria a sua presença. A atitude seguinte seria tomar um táxi e ir para o jantar com a família da sua futura noiva. Mas olhe para você no estacionamento... E além de tudo esqueceu o celular desligado! Coitada da sua namorada, que ficou sem poder falar com você e saber o motivo do seu atraso!

O distanciamento em uma situação dessas, digamos que até um tanto exagerada, pois é claro que o Universo não conspira contra você, é fundamental. Depois de um jantar agradável e de uma boa noite de sono, agora mais calmo e relaxado, no sábado de manhã você imprimiria o relatório e o entregaria na segunda-feira, em mãos, pois ia ser o primeiro a chegar ao escritório pela manhã, antes mesmo do chefe que costuma madrugar, feliz da vida após um fim de semana agradável e de aliança no dedo. Não ficou tudo mais fácil?

Outro benefício do distanciamento mental e emocional é originar as condições necessárias para que você encontre uma solução criativa para o problema. Foi o que aconteceu com um amigo dos meus filhos. Fábio já estivera em casa várias vezes, mas nunca tão de baixo-astral quanto estava naquele dia. Quando lhe perguntei se estava tudo bem, ele me falou sobre as dificuldades que estava encontrando em seu novo emprego de analista de sistemas. "Essa empresa é uma loucura. Tudo precisa ser feito para ontem, e há uma pressão enorme sobre os analistas, que têm de solucionar os problemas dos *softwares*, fazer melhorias e desenvolver novos programas, tudo ao mesmo tempo. Não consigo trabalhar desse jeito. Estou pensando em pedir demissão", desabafou, bem chateado.

Depois de alguns meses, ele apareceu em casa de novo, só que com uma cara bem melhor. Contou que havia começado a fazer natação três vezes por semana para lidar com o estresse, e acabara por descobrir um jeito de resolver os problemas do escritório sem querer. "Eu ia nadar para desfazer a tensão do corpo e tentava não pensar em nada; só contava quantas braçadas que eu dava na piscina. No primeiro dia, já senti o corpo relaxar. No segundo, achei que foi a minha cabeça que relaxou. Mas, no terceiro, do nada, apareceu uma ideia para resolver um problema na empresa." E foi assim que Fábio percebeu a importância de se distanciar dos problemas, para que conseguisse resolvê-los. Bastava agora praticar o mesmo distanciamento fora da piscina, pois ia ficar difícil se jogar na água cada vez que ficasse tenso, precisando resolver um problema do trabalho. A partir do momento que tomou consciência de que precisava relaxar para solucionar seus problemas ficou mais fácil para ele lidar com a pressão que sofria na empresa, e as coisas começaram a se encaixar e acontecer de forma melhor.

O distanciamento nada mais é do que parar de se debater com o problema e ampliar seu foco de visão. E essa atitude serve para todas as situações da vida, desde os impasses corriqueiros até os grandes conflitos. Experimente você também. Quando as pessoas me dizem que têm um problema enorme para resolver, digo, com toda a certeza, que eu não teria dificuldade alguma para resolver o problema delas. Não porque eu seja a mulher maravilha ou porque tenha poderes mágicos, mas simplesmente porque é mais fácil resolver os problemas dos outros do que os nossos. Não enxergamos adequadamente os nossos problemas por estarmos envolvidos demais, empregando a energia que teríamos para resolvê-los em confrontos desgastantes e desnecessários.

Ocupamo-nos do problema, mas não da solução dele. Mas é apenas uma questão de perspectiva, da forma com a qual focamos a questão. Se você focalizar a câmera no problema, só enxergará o problema. Mas, se der um passo para trás, ampliando a área da sua câmera mental, irá enxergar mais e com mais clareza, até encontrar a solução.

Abrir-se com um amigo também é uma boa ideia. A mesma questão que lhe tira o sono pode ser muito bem diagnosticada e solucionada por alguém que a vê de fora. Às vezes basta que o amigo seja um bom ouvinte, pois pode acontecer de você se distanciar do problema ao relatá-lo para a outra pessoa.

Outra dica para encontrar a solução que precisa é tratar do seu problema como se ele fosse de outra pessoa. Você já reparou que, quando alguém começa a falar de um problema que está enfrentando, vamos logo pensando em uma solução? Rapidamente nos colocamos no papel de conselheiros, vamos desfiando todo um rosário de palavras de automotivação e encontramos saídas que a pessoa não está enxergando. Pois bem, use isso em seu benefício. Quando se confrontar com uma situação que você não sabe como resolver, imagine que é outra pessoa que está vivendo tal situação. Logo, logo, você verá saída!

E agora que você já relaxou com um cineminha, vamos continuar...

Você viu como é fundamental se distanciar de um problema para encontrar a solução adequada; viu que é importante voltar-se para a sua essência a fim de identificar quais são as suas verdadeiras necessidades, evitando assim comportamentos de escape diante de situações que o pressionam; já aprendeu a identificar e lidar com seus medos; e soube que tudo pode proporcionar autoconhecimento: identificar seus talentos, suas competências e aptidões. É tudo isso junto que garante a felicidade, a automotivação e a realização. *Desde que...*

Permita-me uma interrupção. Preciso lhe mostrar o que dizia o psiquiatra austríaco Viktor Frankl. Veja: "As pessoas que buscam a autorrealização diretamente, desvinculada de uma missão, de fato não a logram."

Então... *desde que* você identifique seu sentido de vida e sua missão! Disso falaremos daqui a pouco.

Mas já que falamos em missão e sentido de vida, gostaria que você pensasse sobre quais atributos em sua carreira profissional seriam mais importantes em um mundo globalizado, pois é disso que vou falar a seguir:

a. Ser responsável, pontual e eficiente; isso sempre foi e sempre será importante, e suficiente para a minha carreira.
b. O que conta é a curiosidade, a capacidade de improvisação, o jogo de cintura para lidar com aquilo que é novo.
c. Penso que agora o momento seja dos bons relacionamentos, tanto entre pessoas quanto entre empresas e países de modo geral.
d. O líder está em alta: cuidar do mundo no século XIX é trabalho para quem sabe criar espaços de liderança.
e. Nenhuma das opções anteriores.

Confira sua resposta a seguir...

LOADING...

Capítulo 3

No outro prato da balança está o macrocosmo

Eu sou do tamanho do que vejo...
E não do tamanho de minha altura.

Fernando Pessoa

O nada novo fenômeno da globalização

Falar de globalização assusta você? Pois saiba que não é o único a ficar apavorado com esse assunto. O termo não é novo, assim como também não é novidade o fenômeno. A novidade é que a globalização começou a assustar os profissionais do setor privado a partir do advento da internet. Tudo começou como se fosse uma grande festa: de repente todas as pessoas passaram a ter acesso a toneladas de informações, a se comunicar com mais rapidez e agilidade, a estarem mais perto umas das outras, apesar da distância. Aliás, a internet fez o mundo voltar a ser plano e viver sua nova fase de pangeia.

Num primeiro momento, o acesso a bens, à cultura e ao conhecimento que a internet possibilitava era visto com grande otimismo. Passamos a ter acesso a coisas que não tínhamos antes, e isso empolgou o mundo todo. De modo geral, as pessoas começaram a experimentar coisas que antes ficavam restritas a algumas camadas privilegiadas. Mais do que isso, a internet não só planificou os países dentre si como também o país em si mesmo, o que hoje chamamos de rasteirização (deixar rasteiro, uniformizar) vertical e horizontal; vertical porque se deu entre classes sociais, e horizontal porque se deu entre culturas. E, assim, no início, esse processo era intrinsecamente bom, porque não se sabia qual seria sua influência. Quando as pessoas começaram a se acostumar com esse acesso — a muitas e variadas informações, culturas e conteúdos —, é que começaram também a avaliar a qualidade desse acesso. Hoje vemos que ao mesmo tempo em que possibilita o ensino a distância, por exemplo, a internet também facilita a ampliação de redes de pornografia infantil.

Estou falando ao mesmo tempo de globalização e internet, mas quero deixar claro que é errônea a ideia de que globalização e internet sejam a mesma coisa. O modelo de globalização que vivemos hoje é a chamada terceira onda desse movimento, que vem desde a época dos grandes descobrimentos do século XVI (primeira onda), tendo passado pela revolução industrial a partir do século XVIII (segunda onda). A internet nada mais é do que a ferramenta que desencadeou essa terceira onda de globalização.

Nos anos de 1980-90, experimentamos uma definição romântica de globalização, que, naquele momento, se opunha ao conceito de localismo, apontado pelo cientista e escritor Isaac Asimov como um grande vilão para o futuro da civilização e da humanidade. Às vésperas do século XXI, no entanto, o Programa das Nações Unidas para o Desenvolvimento (PNUD) publicou um alerta em seu Relatório do Desenvolvimento Humano de 1999: "A globalização abre a vida das pessoas à cultura e a toda sua criatividade — e ao fluxo de ideias e conhecimento. Mas a nova cultura trazida pela expansão dos mercados mundiais é inquietante. Tal como Mahatma Gandhi exprimiu tão eloquentemente no começo deste século, 'Não quero que a minha casa fique cercada de muros e que as minhas janelas fiquem fechadas. Quero que as culturas de todas as terras soprem sobre a minha casa tão livremente quanto possível. Mas recuso ser derrubado por qualquer uma delas'. Hoje, o fluxo cultural é desequilibrado, pesando fortemente numa direção, a dos países ricos para os pobres."[1] Além desse alerta, o relatório fez muitos outros, abordando questões como volatilidade financeira e insegurança econômica, insegurança de emprego e de renda, insegurança cultural, insegurança pessoal, insegurança ambiental etc., conclamando os povos a promover a globalização com uma face humana.[2]

Com o passar do tempo, as pessoas perderam o deslumbramento com esse conceito romântico da globalização e, pelo fato de terem se acostumado ao fenômeno, passaram a fazer uma análise crítica mais real da situação em si, podendo agora estabelecer os pontos bons e ruins da globalização. Quem mais aproveitou tudo isso foi quem mais tinha interesse em ter acesso a pessoas, a mercados e bens, ou seja, ao meio empresarial.

O fato é que, neste século XXI, passamos a concorrer profissionalmente com pessoas do mundo inteiro, e o mundo corporativo ampliou suas exigências para com o componente humano. Além da formação no campo de conhecimento de sua especialidade, o profissional deve preferencialmente dominar mais um idioma além do seu e saber usar as tecnologias da comunicação e da informação. E você está pensando que parou por aí? Engana-se! Os quesitos assiduidade e pontualidade, por exemplo, ainda valem pontos, mas diminuíram em grau de importância, e deram lugar a novos atributos: flexibilidade, prontidão, disponibilidade, capacidade de improvisação, capacidade de diagnóstico, curiosidade, diálogo, bom relacionamento intrapessoal, interpessoal e transpessoal, capacidade de gerir a própria vida, e liderança. Ufa! Essa é a nova lista de atributos apreciados pelo mundo corporativo.

Falar no quesito flexibilidade equivale a dizer que os comportamentos rígidos estão definitivamente abolidos do vocabulário empresarial, bem como os pensamentos rígidos e as maneiras de agir tradicionais. Pense em uma postura como a do jogador de tênis que, ao perceber que a jogada do oponente vai resultar em bola fora, recua, mas não deixa de marcar o ponto. É dessa forma que podemos travar conhecimento com outras realidades, enfrentá-las, perceber de que maneira elas atuam sobre nós e sobre o ambiente, e reconhecer quando devemos acolhê-las. Prontidão, na carreira profissional, significa exatamente o que quer dizer a palavra: estar sempre pronto para o que der e vier, mesmo que seja necessário começar de novo. Disponibilidade, porém, não é apenas estar livre para viajar a trabalho, mas, sim, estar inteiramente disponível para as situações mais variadas, sem ideias preconcebidas, para poder responder a elas com velocidade.

Já a capacidade de improvisação é um complemento da prontidão e da disponibilidade que nos ajudará a trabalhar com o novo e com as mudanças. Durante uma palestra, por exemplo, eu posso não ter uma resposta de imediato para alguma questão pela plateia, mas posso improvisar, enquanto ganho tempo pensando no assunto ou me preparando para abordá-lo. E igualmente importante é a capacidade de diagnóstico, pois, sem ela, fica quase impossível determinar com clareza o que está acontecendo e o que deve ser feito, como vimos no capítulo em que tratamos da resolução de problemas.

É fundamental explorar o conceito de curiosidade antes mesmo de a analisarmos como atributo pessoal. O que seria da humanidade se o homem das cavernas não tivesse saído da sua zona de conforto para dominar o reino animal? É a curiosidade que move o mundo! Imagine o que essa qualidade pode fazer por nós no território dos negócios! Mas tome cuidado, porque a bisbilhotice não tem nada a ver com o que estamos falando. Ao contrário, essa é danosa para você, para a sua carreira e para as pessoas que o cercam.

E o que dizer do diálogo, que permeia todas as relações humanas? Nem precisamos falar desse quesito como exigência do mundo em que vivemos. Aliás, deveríamos falar da falta dele, que leva a tantos desentendimentos pela vida e pelo mundo afora. Mas ainda quero dizer, em relação ao diálogo, que não basta saber falar; é preciso também saber ouvir e compreender o que foi ouvido para o diálogo ser estabelecido. E esse é um comportamento de fundamental importância para serem desenvolvidos os bons relacionamentos intrapessoais — que diz respeito a você com você mesmo —, interpessoais — que se referem a você e às outras pessoas — e transpessoais — que transcendem os relacionamentos pessoais. Não se trata de mostrar o quanto somos bons. Devemos procurar a harmonia e o equilíbrio primeiramente em nós mesmos, que se refletirão na relação com as pessoas de maneira positiva e tudo ficará mais leve, alegre e fácil.

Eu digo sempre que nada muda se eu não mudar. E isso vale para a nossa vida inteira, sobretudo para os relacionamentos. A vida do ser humano na terra é um processo de mudança e de transformação contínuo. Pense comigo. Desde a nossa primeira etapa como seres humanos, já passamos pelas fases de formação — aprendizados em casa e em família —, de informação — aprendizados na escola — e de transformação — aprendizados entre amigos e em sociedade. E esse processo volta a se repetir durante toda a vida. Graças a Deus que ele volta a se repetir! Eu me recuso a ver o ser humano como algo que nasce, cresce, definha e morre. Simples assim? Claro que não! A vida é muito mais do que isso.

Falemos do último tópico de exigências no mundo globalizado: a liderança. Todos nós somos líderes em potencial, e o provaremos ser de fato se tivermos a capacidade de gerir nossa própria vida. Não podemos ter a pretensão de levar uma liderança adiante, nem mesmo de nos relacionar bem com as demais pessoas se nem sequer conseguimos cuidar da própria vida. Se tivermos a capacidade para manter a vida pessoal sob autorregulação, então decerto também teremos a capacidade para liderar um grupo ou uma atividade.

Dia desses, conversei com um amigo acadêmico, ex-executivo e consultor de empresas, que me afirmou que não se formam líderes, que não se criam líderes, mas que podemos possibilitar espaços para que a liderança surja naturalmente nas pessoas. É o conceito de liderança horizontal, da qual todos nós fazemos parte, porque, para ser líder, é necessário saber ser liderado, e a liderança hoje não é uma questão hierárquica, um *status*, mas momentânea. É por isso que digo que é uma grande sabedoria conseguir reconhecer quando podemos, e devemos, assumir a liderança e quando é mais oportuno e prudente sermos liderados. Sei disso por experiência própria. Na época da adolescência participei de um grupo de bandeirantes, cuja líder nunca saía para uma caminhada na mata sem estar acompanhada de um guia local que conhecesse bem a região. Ela permitia tranquilamente que o guia liderasse nosso grupo, quando saíamos para praticar os ensinamentos aprendidos na convivência com a natureza.

E já que tocamos no assunto de natureza, vamos ver o que você pensa em relação ao aquecimento global:

a. O assunto é sério, mas não serei eu a resolver a questão; afinal, uma andorinha só não faz verão.
b. É preciso encontrar os verdadeiros vilões do assunto, para que os inocentes não paguem por aquilo que não são responsáveis.
c. Penso que a solução seja política, e diga respeito às grandes lideranças mundiais; pelo menos é isso que ouço falarem.
d. É o tipo de problema para o qual só haverá desenlace na geração dos meus filhos ou netos.
e. Nenhuma das opções anteriores.

Confira sua resposta a seguir...

O todo em primeiro lugar

Crédito de carbono diz alguma coisa para você? E consumo consciente de água? Desenvolvimento sustentável? Se você nunca pensou nesses assuntos, está na hora de pôr a mão na consciência. Já que concordamos que o mundo se tornou novamente plano e vive sua nova fase de pangeia, é meu dever acordá-lo e dizer, com todas as letras, que você faz parte disso agora como nunca antes. Ou você acha que essa história de aquecimento global não tem nada a ver com você? Você ainda é do tipo que pensa que se a temperatura do planeta está aumentando basta comprar um aparelho de ar-condicionado para resolver seu problema? O problema é de todos!

Muitas empresas já praticam a sustentabilidade há alguns anos. Li que uma companhia fabricante de painéis de madeira do Paraná construiu junto à nova fábrica, em Montenegro, no Rio Grande do Sul, uma lagoa para armazenar a água da chuva, suprindo, assim, sua necessidade de água de uma forma mais racional.[3] Na mesma matéria, havia uma chamada que dizia: "Em tempos de crise, manter uma boa imagem é crucial para as empresas." Não creio que se deva pensar em desenvolvimento sustentável apenas para manter as aparências, fazendo papel de bom moço, mas já ajuda. No entanto, não é o suficiente a preocupação por parte das organizações, pois é preciso que cada cidadão também se conscientize de que exerce um papel importante na manutenção do planeta e da vida na Terra como um todo.

A primeira missão do ser humano é ser guardião do planeta Terra. Recebemos tudo isto aqui de presente e não queremos cuidar do que é nosso? Este planeta é um organismo vivo, e devemos compartilhar a responsabilidade pela manutenção desse organismo. Tal responsabilidade significa que devemos dedicar à Terra, assim como aos elementos que a compõem, como a vegetação, a água e os bens minerais, a mesma atenção, cuidado, carinho e respeito que dedicamos às pessoas que amamos. E isso inclui cuidar das pessoas que vivem aqui, que também merecem o mesmo cuidado.

Você já ouviu falar da madre Teresa de Calcutá, de Gandhi e de outros "loucos" da história que parecem ter criado um caminho e não ter seguido caminhos já abertos, pavimentados e sinalizados. São os desbravadores dos diversos tempos, desbravadores em várias áreas sociais, espirituais, filosófica, política, científica, artística; enfim, as pessoas que acreditaram nos seus sonhos, os empreendedores. Por outro lado, se não fosse pela tenacidade e pela esperança de alguns sonhadores, talvez a raça humana estivesse séculos atrasada. Qualquer breve pesquisa que se faça em histórias de vida como a de Thomas Edison, Santos Dumont ou Albert Einstein, por exemplo, será suficiente para descobrirmos que nessas histórias os protagonistas eram pessoas extremamente sonhadoras e, portanto, empreendedoras.

Eu fui para a Índia em um momento de busca pessoal, para fazer uma viagem sabática. Já era a minha segunda vez na Índia, e procurei ir a uns lugares especiais, que queria conhecer, vivenciar, ajudar e trabalhar, pois sempre gostei de ir além do turismo, de fazer algo mais do que apenas turismo. Assim, fui conhecer o Sai Baba em Puthaparti, o clube do riso em Bombaim, as obras de Madre Teresa de Calcutá, em Calcutá, e o trabalho de Vicente Ferrer em Anantapur. Esses trabalhos missionários sempre me encantaram, pois são desenvolvidos por pessoas que se entregam e lutam por uma causa.

Havia ouvido falar de Vicente Ferrer na Espanha. Sabia alguma coisa da sua obra e de seu trabalho, e me sentia muito fascinada. Eu acreditava que poderia chegar lá, sem avisar, sem saber como funcionava a organização, sem saber de suas necessidades e do que eu poderia oferecer, e que isso seria o máximo, que, ao estilo de uma escola de samba, o que importava era se entregar na avenida. Achei que Vicente Ferrer ia achar ótimo chegar lá uma brasileira com energia, disposição, uma verdadeira Dom Quixote de saias...

Foi uma grande dificuldade chegar a Anantapur, uma das regiões mais pobres da Índia, desértica, com uma população predominante de *dalits*, os chamados intocáveis, e tribais. Aluguei um carro, e fomos eu, um motorista que falava o dialeto da região, além do hindu, e um guia que falava hindu e espanhol. Então, eu falava com o guia, que falava com o motorista, que pedia informações às pessoas que andavam nas ruas sobre onde ficava o tal lugar, onde era a Fundação Vicente Ferrer. A estrada era um asfalto estreito no meio do nada; só de quando em quando é que apareciam umas cidadelas muito pobres.

Quando cheguei, vi que a Fundação era uma área muito grande, e simplesmente fomos procurar pela secretaria e acabamos entrando em uma sala onde estava sentado, atrás de uma mesa, o próprio Vicente Ferrer. Eu quase nem acreditei, pois o conhecia por fotos, e ele estava ali, na minha frente. Eu me sentia como se estivesse diante da Madre Teresa de Calcutá, que não tive oportunidade de conhecer em vida. Mas Vicente Ferrer era o máximo, e me lembrei de todos os meus sonhos de adolescente, dos serviços sociais dos quais participei, de ser bandeirante, de alfabetizar adultos, de ser voluntária na Gota de Leite em Santos; lembrei que acreditava que poderia ajudar a mudar o mundo, e agora eu estava diante de uma pessoa que realmente estava fazendo a diferença na vida de mais de dois milhões de indianos miseráveis, indianos que começaram a se respeitar como pessoa, pois passaram a ter uma vida digna de ser humano.

Cheguei e falei, tão feliz que estava: "Vicente Ferrer, eu sou Leila Navarro, do Brasil, e vim para ajudar." E ele me respondeu: "Não lhe pedi nada". Então, eu me sentei em uma cadeira à sua frente. Na realidade, acho que desmontei, e me senti nua, me senti nada, e ao mesmo tempo tudo. Ele me perguntou: "O que você veio fazer aqui na Índia?" "Ah! Eu vim conhecer o clube do riso." Então ele disse alto para mais duas pessoas que estavam na sala: "Ah! Estão com fome, vamos rir, hahaha..." E eu, então, quis melhorar a situação, para não parecer tão insensível com a miséria e a fome — que eu nem tinha noção de como eram naquela região — e disse: "Ah! Eu vim também conhecer o Sai Baba", ao que ele respondeu: "Ah! O mestre que materializa ouro... Nós aqui também materializamos coisas, só que comida, poços, moradia, escolas, hospitais..." Nisso, uma voluntária que trabalhava com ele disse: "Vicente, vou levá-la para conhecer nossa maquete e saber mais a respeito do nosso trabalho." Então, Vicente Ferrer me disse que se quisesse ajudar, que eu adotasse uma criança indiana. E acabei indo para outra sala com aquela mulher. Tudo isso se passou em alguns segundos, mas para mim parecia que passei dias em um *workshop* sobre um assunto muito profundo.

Quanto mais eu conhecia o trabalho, mais me dava conta da falta de respeito que tive para com a Fundação Vicente Ferrer e com ele mesmo, pois cheguei praticamente de plumas e paetês para dar a minha ajuda-show... Estava preocupada em ajudar, mas não preocupada em saber quem eles eram, do que precisavam, como eu poderia me dispor; eu estava no meu eu, no meu ego, no salto, e nem me dava conta.

A moça que me acompanhou chamava-se Concha. Disse-me que com ela aconteceu quase que a mesma coisa; viera de Barcelona, pretendendo ficar três meses, mas já estava lá havia um ano. Disse-me que Vicente Ferrer era assim porque seu trabalho não era de passagem, mas algo eterno, que estava fazendo para mudar o rumo da história, para acabar com a fome e a miséria, para ficar, e não para passar. Quem chegasse ali teria que ter um propósito, um projeto, algo que fizesse a diferença; eles não precisavam de visitantes, não queriam estar na mídia e serem populares, mas queriam adeptos que contribuíssem de alguma forma, ou com doação ou com adoção. As pessoas adotam uma criança até que ela complete 18 anos, ajudando em sua educação, alimentação e saúde. São crianças que têm família, têm pai e mãe, mas têm também um padrinho para quem anualmente escrevem, agradecem e contam como estão indo na escola, como vai a família etc.

Faz quinze anos que começou esse programa de apadrinhamento. Em 1995, havia 3.250 crianças apadrinhadas. Em geral, os padrinhos são espanhóis, pois existe uma ligação íntima ente Espanha e Anantapur, na Índia, por causa de Vicente Ferrer, é claro. Em 2009, já são 135 mil crianças apadrinhadas.

Quando fui à sala da maquete, comecei a ter ideia do que era esse ideal, esse projeto que já tinha uma história de mais de quarenta anos, e Concha me convidou a ficar ali por alguns dias, para saber por que eu havia chegado até ali, o que tinha que aprender, que doar, que fazer.

E eu, que não estava preparada para ficar, fui comprar umas roupas indianas, uma escova de dente e fiquei por cinco dias. Nos dois primeiros dias, fui conhecer todo o projeto, as escolas, os hospitais, os mutirões de construção de casas, as oficinas de trabalho, os projetos de voluntários para energia sustentável e tudo mais. Era um mundo, e um mundo espanhol no meio da Índia: na Fundação todos falam espanhol.

Bem, creio que eu precisaria de um livro inteiro para contar essa experiência com Vicente Ferrer... Nos outros três dias, me dei conta do que eu poderia fazer, e era trabalhar com os voluntários. Assim, comecei a fazer massagem nos voluntários, Rolfing, Reik, aulas de relaxamento e autoconhecimento, automotivação; comecei a fazer *coaching* para alguns voluntários.

Cheguei lá com a roupa do corpo e não sabia que poderia deixar e doar tanto de mim mesma, nem sabia que tinha tanto e que podia dar tanto, sem *slides*, sem telão, sem música, sem holofotes, sem Leila Navarro. Lá, eu era um ser humano, e a partir daí entendi o que significa a Fundação Vicente Ferrer: "Transformar a sociedade em humanidade."

Enquanto escrevia este livro, saiu uma notícia no jornal:

> "Muito próxima de Bangalore, o Vale do Silício asiático, está Anantapur, uma das regiões mais pobres do mundo.
>
> Mas uma visita ao Rural Development Trust (RDT) permite comprovar que é factível erradicar a pobreza extrema graças aos recursos econômicos, mas, sobretudo, ao bom critério de seu fundador Vicente Ferrer, falecido em 19 de junho, aos 89 anos. Sua história, cheia de contrastes, não nos deixa indiferentes. Lutando como anarquista na batalha de Ebro, sentiu o chamado de Deus, se tornou jesuíta e missionário na Índia, aonde chegou em 1952. Abandonou a ordem em 1970, pois queria exercer melhor o sacerdócio entregando-se aos demais e construindo um mundo melhor. Sustentava que, para acabar com a pobreza, a única estratégia é a ação, algo que bem poderia aplicar-se à atual crise.
>
> De uma perspectiva de economista, chama a atenção que, sem haver estudado a matéria, pusera em marcha projetos que demonstram que é possível erradicar a pobreza com um enfoque alinhado com o que marcam os postulados econômicos. Como

só acontece com os mais inteligentes, exercia por instinto o que necessitamos estudar (economia ou gestão estratégica da empresa).

Os projetos iniciais foram campanhas de vacinação, formação sanitária, e desenvolvimento agrícola e ecológico.

Desde os primeiros momentos, apercebeu-se da necessidade de planejamento familiar, algo que poderia se chocar com suas profundas crenças religiosas. A implicação dos habitantes locais no projeto, por meio de uma rede capilar que incrementa de maneira exponencial o rendimento dos recursos, é outra chave do projeto. Muitas multinacionais deveriam aprender o sistema RDT. Foi consciente da necessária otimização de um recurso escasso e imprescindível para a agricultura: a água. Buscava escavar poços, construir cisternas e represas, e, atualmente, a utilização de técnicas como o gotejamento ou a aspersão. Também foi pioneiro em outros aspectos, como as microfinanças. Como o Nobel Muhammad Yunnus, confiava no efeito expansivo do crédito, se é devolvido pelo tomador, algo muito provável se este é um pobre. Entendeu o poder social do crédito e a utilidade de emprestar ao mais desfavorecido para que possa iniciar uma pequena atividade e, com ela, a cadeia do desenvolvimento. Outros pilares do "modelo Ferrer" são a ecologia, a diversificação de cultivos, o comércio responsável e a igualdade entre

> mulheres e homens, assim como evitar a discriminação social dos incapacitados físicos ou psicológicos. A visita aos hospitais dedicados a doentes de aids ou aos colégios de crianças com incapacidades visuais ou auditivas gera doses de otimismo em relação à eficácia desse sistema e sua eficiência, se levarmos em conta os limitados aportes econômicos.
>
> Ganhou o Prêmio Príncipe de Astúrias da Concórdia em 1998 e recentemente recebeu a Grã-Cruz do Mérito Civil. Com sua morte perdemos um grande economista, intuitivo, inteligente e visionário. Afortunadamente, sua obra terá continuidade e deve servir de referência para outros países, tendo demonstrado que o fim da pobreza é possível."[4]

Nessa mesma viagem, passei outros cinco dias conhecendo o trabalho da Madre Teresa de Calcutá, em Calcutá. O trabalho lá é completamente diferente do de Anantapur, mas não menos ou mais válido. Madre Teresa criou um império de caridade onde todos e tudo é bem-vindo e aproveitável.

Há três tipos de ajuda; uma delas são os orfanatos nos quais ficam as crianças abandonadas nas ruas, que podem ser adotadas, além das crianças abandonadas por terem graves deficiências físicas e mentais. Parecia uma fábrica de gente, porque eram muitas criancinhas, todas vestidas iguais, e pareciam até iguais, em um salão enorme. Era o salão dos pequeninos que tinham mais facilidades de serem adotados; e ali estavam várias famílias estrangeiras, que vinham para fazer a adoção. Nesse lugar, tudo é muito exagerado. Também, em um país de 1,2 bilhão de pessoas, sendo que a quinta parte, mais ou menos 250 milhões de pessoas, é de miseráveis, muito miseráveis... É mais que um Brasil de miseráveis!

Fui visitar os outros lugares de ajuda, os hospitais para deficientes mentais e os hospitais para os moribundos, aquelas pessoas que são encontradas nas ruas, que perderam tudo, até a dignidade humana; parecem verdadeiros lixos humanos, é inacreditável, só vendo para entender. Essas pessoas chegam a esse local e são limpas, cuidadas, alimentadas, abrigadas, recebem carinho, uma cama, atenção, mas às vezes acabam morrendo e às vezes simplesmente voltam para as ruas.

O trabalho da Madre Teresa é restituir a dignidade humana, e isso é bonito de falar, mas muito triste de se ver, porque uma pessoa sem dignidade fica como um animal, parece gente, mas não se sente gente e, portanto, não é gente; mas são dóceis, resignadas e isso chama muito a atenção e nos toca mais fundo ainda.

As condições de ajuda são boas, mas não a ideal, porque o número de indigentes é muito grande e as pessoas não param de trabalhar. É como se fosse uma guerra, quando se veem necessitados para todos os lados. Aquilo é um coração de mãe, um caos que se organiza na generosidade de quem chega lá para ajudar. Lá não dá para ter ego, para ter nada, só dá para ajudar, porque só existem dois tipos de pessoas: as que precisam e as que podem dar. Não tem outro jeito, a não ser doar-se. E a quem doa nada mais importa, quem você é, de onde é, porque é.

Vi muitos voluntários de várias partes do mundo, pessoas do Japão, da Itália, americanos; enfim, pessoas que vêm e ficam um, dois, três meses ajudando; ficam em um hotel próximo ao hospital ou ao orfanato e vão trabalhar todos os dias por seis horas.

Conheci um italiano de uns 60 anos que passava a maior parte do ano, há cinco anos, ali, ajudando no hospital psiquiátrico, já quase falava hindu e os enfermos já quase falavam italiano; era muito divertido de ver como ele alegrava aquela “loucura”, porque a loucura já não é fácil e nessas condições ainda por cima deprime. Ele tinha que voltar à Itália por questões legais, pois não era residente na Índia, mas dizia que se pudesse seria residente lá, porque encontrou seu sentido de vida naquele trabalho. E eu senti a Madre Teresa de Calcutá se multiplicando em várias pessoas que tinham a mesma inquietação: a indignidade humana.

Fiquei no orfanato, ajudando as crianças com deficiências físicas e mentais, aproveitando todos os meus conhecimentos de fisioterapeuta, mas o número de crianças era tão grande e o número de cuidadores tão pequeno em proporção, que acabava tendo muito mais trabalho com cuidados básicos, do tipo limpeza, comida, e quase não sobrava tempo para dar tratamento fisioterápico. Foi um desafio, uma inquietação, um repensar: como podemos viver ao lado de tanta miséria sem nos darmos conta? Parece que só assistimos e olhamos para o nosso próprio umbigo.

Fui para ajudar e acabei sendo ajudada, pois aprendi um bocado com as pessoas que trabalhavam como voluntárias. Pude atestar por mim mesma que aquelas pessoas se sentiam realizadas em doar-se ao outro, pois ficou nítida a prática responsável de seus talentos, suas competências e habilidades a favor do planeta e seus habitantes.

Ajudar as pessoas nem sempre é tarefa fácil — tanto há os que *não* querem ser ajudados, como os soberbos e intransigentes, quanto há os que *só* querem ser ajudados, como aqueles que não fazem nada por si sós —, mas os resultados são sempre gratificantes e transformadores: a vida jamais será a mesma depois dessa experiência.

Encontrei outro tipo de pessoas nessa jornada, pessoas que estavam ali porque ainda não haviam descoberto seu sentido de vida e que, por não saberem exatamente o que fazer, resolveram fazer algo pelos outros. Sendo úteis para os demais, para os que precisavam de tudo e de todos, essas pessoas se sentiam fortalecidas internamente, tomando conhecimento do mundo ao redor e adquirindo consciência de si mesmas perante esse mundo. Elas se doavam, mas recebiam mais do que davam.

As que trabalhavam nos projetos sociais com frequência e afinco eram pessoas que tinham conquistado a graça de transcender a si mesmas, que evoluíram como seres humanos — e, claro, também em espírito — e adquiriram o direito sagrado de ver a si mesmas e sua vida em perspectiva. Naqueles ambientes, aquelas pessoas, que talvez tenham se visto tão pequenas, humildes e tolas outrora, percebiam-se únicas, pois, ao exercer seus poderes com responsabilidade, empregavam sua vida, suas atitudes e entusiasmo para contribuir com a formação de uma sociedade mais justa e de mundo mais feliz. São modelos que nos seduzem e que acabam nos dando força para seguirmos o nosso caminho, o nosso sentido de vida.

Outra coisa que me deixa muito encantada é a questão de o voluntariado no Brasil estar se tornando algo cada vez mais sério e difundido, com cada vez mais adeptos, numa cultura exclusivista e individualista como a que vivemos hoje em dia. O voluntariado está na contramão dessa corrente. Nos Estados Unidos, em 2007, havia quase 61 milhões de voluntários, doando 8,1 bilhões de horas de serviço à comunidade. Por todo o país, pessoas de todas as idades e comunidades doam seu tempo e talento para escolas, igrejas, hospitais e instituições beneficentes em um esforço para melhorar a região onde vivem e fazer o bem para os outros. E esse esforço começa desde cedo. Cada vez mais jovens estão se envolvendo em suas comunidades por meio de serviços no colégio e voluntariado. De acordo com pesquisas feitas nos últimos trinta anos, os americanos começam a praticar o voluntariado a partir dos 16 anos de idade. Na Europa, a situação é semelhante ou até melhor, dadas as proporções entre população e voluntários.

No Brasil, percebo que o voluntariado é uma ação que está em crescimento, pois existe uma maior cons-ciência a esse respeito, haja vista como nos comportamos quando das chuvas que assolaram as várias cidades de Santa Catarina em 2008. Eram famílias abrindo a porta de suas casas para outras famílias, porque sabiam que os abrigos das prefeituras não dariam conta de todos os desabrigados. Isso é maturidade, é a autopoiese, como a definiu o biólogo chileno Humberto Maturana.

Autopoiese, *grosso modo*, quer dizer autoprodução, ou autorregulação, no sentido de gerir a si mesmo. A palavra *autopoiese* foi usada pela primeira vez em 1974, num artigo publicado por Maturana e outros autores, para definir os seres vivos como sistemas que produzem continuamente a si mesmos. Esses sistemas têm a capacidade de se recomporem incessantemente. Um sistema autopoiético é ao mesmo tempo produtor e produto. Para Maturana, o termo *autopoiese* traduz o que ele chamou de centro da dinâmica constitutiva dos seres vivos. Para exercê-la de modo autônomo, os seres vivos precisam dos recursos do meio ambiente. Em outras palavras, são ao mesmo tempo autônomos e dependentes. Pela teoria da autopoiese biológica de Maturana, os organismos se autorreorganizam, mas se não houver consciência, visão do todo e do fractal não chegamos a lugar nenhum.

Fui fazer uma palestra para a Casa Ronald McDonald no Rio de Janeiro e tomei conhecimento de uma organização também incrível. A história oficial da instituição pode ser encontrada na internet, no *site* http://www.casaronald.org.br, e vale a pena ser lida. No Rio de Janeiro, tudo começou em 1989 quando pais que vivenciaram a experiência de tratamento oncológico de seu filho nos Estados Unidos ficaram hospedados na Casa Ronald McDonald de Nova York. Tiveram contato com uma infraestrutura que ainda não existia no Brasil e que certamente ajudaria muitas famílias por aqui. O menino não venceu a doença e ao retornarem ao Brasil, em 1990, tornaram-se voluntários na causa de ajudar crianças com câncer.

A Casa Ronald conta com cerca de 400 voluntários treinados. São pessoas que têm os seus empregos, em geral de quarenta horas semanais, mas que ainda se doam ao voluntariado, se revezando diariamente em quatro turnos de três horas cada, atuando como verdadeiros escudeiros de crianças e adolescentes portadores de câncer e de seus responsáveis. Isso é comprometimento, é acreditar na causa, e esse é o comprometimento que as empresas querem, trabalhar mais além do dever. Se os governos e os órgãos públicos tivessem esse comprometimento, o mundo seria diferente, porque neste nosso mundo fazer o impossível não é a ordem, mas no mundo do voluntariado verdadeiro vive-se fazendo o impossível.

A casa foi construída para ser uma "casa longe de casa" e para cumprir sua missão de "apoiar e humanizar o tratamento de câncer infanto-juvenil". Oferece gratuitamente aos pequenos hóspedes vindos de outras cidades, estados e países latinos, além de esperança, oportunidades para que saiam vitoriosos na luta contra o câncer. Os serviços de hospitalidade incluem alimentação, transporte para os hospitais e atividades recreativas. De forma complementar, são incluídos cursos profissionalizantes, acompanhamento escolar e apoio psicológico através de diversas terapias. O câncer é uma doença potencialmente curável, se diagnosticado precocemente e tratado adequadamente.

Os desafios da equipe de voluntários da Casa Ronald McDonald são, de acordo com suas palavras, também os seus sonhos. Realizar sonhos é a marca daquela equipe. Essa instituição vem realizando um verdadeiro milagre na recuperação dos pequenos pacientes. É a "casa que o amor construiu"...

No Rio de Janeiro, tudo começou com a história de um casal cujo filho tinha câncer. Esse casal, para poder levar o filho para um tratamento nos Estados Unidos, fez uma campanha e conseguiu arrecadar o dinheiro de que precisava. Como vimos, a criança não venceu o câncer. Mas o casal não ficou com o dinheiro das doações arrecadadas e colocou essa quantia a serviço de outros, já que o dinheiro não pertencia a eles, mas a uma causa. As pessoas que contribuíram confiaram que iriam salvar uma criança com câncer quando doaram o dinheiro. E aquele casal fez multiplicar essa confiança, pois perderam um filho, mas ajudaram muitas outras crianças portadoras de câncer. E isso é multiplicar. Além do dinheiro, eles também se juntaram ao projeto como voluntários.

Veja, poderoso leitor, como que as pessoas, para aliviar a sua dor de perder, cuidam das pessoas para que não percam o que elas perderam. O fato de ajudar o outro alivia a nossa dor.

Não pretendo me estender muito mais sobre o assunto de voluntariado, mas quero contar a história que se passou com minha mãe.

Eu sempre dizia à minha mãe que ela deveria aproveitar a sua energia e dedicar-se a um trabalho de voluntariado, e ela dizia que já tinha muito que fazer só com sua grande família, mas, por minha insistência, acabou entrando como voluntária no Hospital das Clínicas de São Paulo, e foi um desastre... Ela foi ao treinamento, ao exame físico, cumpriu todas as etapas necessárias para ser voluntária em um sistema tão complexo como HCSP. Depois de tantos preparativos, comprado o avental rosa, ela foi, toda orgulhosa, ao seu primeiro dia de voluntária. Chegando lá, uma voluntária veterana a levou aonde seria seu setor, a pediatria de queimados. Minha mãe então disse: "Aqui não posso ficar, pois fico impressionada; essas criancinhas sofrendo me fazem lembrar dos meus netos. Não, aqui não dá." A veterana então disse: "Sem problemas. Vamos levá-la a outro setor". E a levaram para o setor dos idosos. Quando estavam chegando, minha mãe viu uma maca passar com um corpo coberto e perguntou: "É uma pessoa morta?" "Sim, aqui passam cadáveres com frequência." "Ah! Então não posso ficar, me impressiono com defuntos; eu me afeiçoo e depois eles morrem. Não, sou muito sensível." "Está bem. Então você virá para organizar os aniversários; já que tem toda essa animação, você virá todas as quartas-feiras e organizará os aniversários dos médicos, dos enfermeiros e enfermos." Ao que minha mãe respondeu: "Toda quarta-feira? Mas isso é emprego! Assim não posso, não posso me comprometer, porque, se um neto, bisneto, filho, meus agregados ou amigos precisarem de mim, eles contam comigo, eu terei que deixar de vir aqui"...

Para a Madre Teresa o que importa é a dignidade humana, para Vicente Ferrer é acabar com a fome do mundo e para minha mãe é alegrar e sanar as questões à sua volta, na sua família sanguínea e na dos agregados, que se tornam uma grande família, muito inclusiva. Ou seja, você pode ser voluntário de sua própria grande família; é uma escolha e não menos válida. Se várias pessoas assumissem esse papel, teríamos bem menos problemas no mundo.

E que privilégio é descobrir que a sua vida fez a diferença no mundo! Que se você não tivesse existido o mundo não seria o mesmo!

Esta é a sua chance de ser diferente: usar seus talentos em prol de um mundo melhor. Se quiser saber mais, visite os *sites* da Fundação Vicente Ferrer (http://www.fundacionvicenteferrer.org/esp/index.php), das Missionárias da Caridade de Madre Teresa de Calcutá (http://www.motherteresa.org/layout.html) ou das diversas organizações não governamentais que promovem o voluntariado no Brasil, como o do Instituto Voluntários em Ação (http://www.voluntariosemacao. org.br/), que disponibiliza inclusive o voluntariado via internet (http://www.voluntariosonline.org.br/), ou do Programa Ação da Rede Globo. Para quem quer aproveitar suas férias de uma maneira diferente, doando-se para um mundo melhor, também há opção, como as mostradas pela Central de Intercâmbio (http://www.ci.com.br/trabalhar-no-exterior/trabalho-voluntario).

Sei que já falamos antes sobre os talentos, mas penso que agora seja o momento de lhe perguntar: de que forma você acha que poderia empregar seu talento em benefício das pessoas, das organizações e do planeta?

a. Para falar bem a verdade, nunca pensei em termos globais.
b. Sou o tipo de pessoa que quer fazer a diferença no mundo. Sendo ético, já posso colaborar bastante.
c. Sinto-me como o menor elo da corrente humana...
d. Eu gostaria muito de saber usar os meus talentos em prol das demais pessoas; ainda vou descobrir como.
e. Nenhuma das opções anteriores.

Confira sua resposta a seguir...

Missão de vida e talento num mundo globalizado

A missão de vida pressupõe comprometimento — o que é bem diferente de compromisso e obrigação; obrigação, para mim, é quando faço alguma coisa apenas porque me comprometi, porque sou forçada, porque tenho que fazer, porque sou responsável; porém, estar comprometida é fazer algo que tem importância, que tem relevância para mim, é fazer algo que me importa. Pois bem, missão de vida pressupõe comprometimento, consciência da importância dessa missão, consciente com você mesmo, com a comunidade e com o planeta. Por isso a missão de vida deve ser, ao mesmo tempo, pessoal e coletiva. Pessoal no sentido de que deve estar relacionada às nossas realizações efetivas e aos nossos sonhos. E coletiva na medida em que se relaciona aos valores, à cultura e às realizações da comunidade a que pertencemos, seja ela uma empresa, um país ou o planeta. Os dois aspectos, pessoal e coletivo, devem necessariamente estar alinhados. A importância de tal adequação torna-se mais clara quando observamos nós mesmos e o mundo em que vivemos, conforme vimos no capítulo anterior.

Todos nós temos talentos, e vários talentos, mas precisamos de espaço para despertá-los e desenvolvê-los — são os espaços de confiança dos quais falarei mais adiante. Bem, ainda sobre os talentos, preciso lembrá-lo de que esse tipo de descoberta envolve inteligência, oportunidade, ousadia, risco, coragem, curiosidade, vontade — tudo que uma criança já tem em si mesmo — e, se somarmos esforço e empenho, será fantástico, mas nunca sofrimento. Sofrimento é fazer algo que você não veio para fazer, do qual está desvinculado, ou por não ter importância nem sentido para você, ou por não lhe causar inquietação. Colocando a coisa de outra forma, existem pessoas que são extraordinárias, e existem pessoas que são ordinárias, no bom sentido da palavra, pois me refiro às pessoas comuns, ou seja, à maioria dos mortais, como eu. Talento, então concluindo, é você fazer bem o que muitas pessoas fazem bem, e com satisfação, com alto nível de qualidade, sem sofrimento e com uma pitada de diferencial, afinal somos únicos!

Eu sempre digo que no planeta Terra tem quase sete bilhões de pessoas; mais ou menos a metade dessas pessoas compõe-se de mulheres; dessas mulheres, apenas oito são *top model* e somente uma é Leila Navarro. Mas somente um é cada um de nós, e quando entendo que sou único é quando consigo fazer a diferença e assumir esse diferencial. Porém, não podemos nos esquecer de que não somos os únicos neste planeta, pois todos nós nascemos para ser únicos.

Agora, genial e extraordinário é você fazer o que ninguém faz, tipo um Dali, ou um Gaudi etc. E isso não tem bom nem ruim, é simplesmente assim, uma realidade, e essa realidade de ser extraordinário você pode descobrir aos 5 anos de idade ou aos 80 anos.

Uma dessas pessoas extraordinárias foi Cora Coralina, que tornou público seu talento de fazer poesia depois de criar filhos e ficar viúva. Li que, após completar 50 anos de idade, a poetisa relatou ter passado por uma profunda transformação interior, que mais tarde definiu como a "perda do medo". Nessa fase, ela deixou de atender pelo nome de batismo e assumiu o pseudônimo que escolhera para si muitos anos atrás, vivendo a partir de então para a sua arte e oferecendo ao mundo um pouco mais de beleza e alegria.

Um espaço de confiança é o único lugar em que posso me desenvolver e me abrir para descobrir meus talentos sem risco e sem medo. O primeiro espaço de confiança é a família. Como é importante ouvir sua família dizendo: "Eu confio em você, confio que você fará o seu melhor", ou: "Sei que você fez o melhor que pôde nas condições em que se encontrava." Isso é amar, é legitimar o outro como um legítimo outro e não o outro como um depositário das minhas expectativas.

Essa coisa de talento, de descobrir seu talento ligado ao que o inquieta, ao que lhe importa, ao que lhe é legítimo porque faz parte da sua missão, vocação ou intenção, tem a ver com o não sofrer, tem a ver com a paixão, com o brilho nos olhos, com uma coisa que, como diz Deepak Chopra em seu livro *As sete leis espirituais do sucesso*, você faria com imenso prazer, a qualquer hora do dia, qualquer hora que lhe pedissem, e faria com prazer. Tem a ver com o que costumo dizer em minhas palestras, que, mesmo se ganhasse na loteria, você continuaria fazendo, continuaria fazendo a vida inteira, mesmo que não tivesse de fazer, que não precisasse fazer. Isso é o seu talento, o seu dom, a sua oferta, aquilo que você veio para dar. E a minha oferta é onde eu me sinto fazendo parte, onde me sinto útil, onde me sinto grato por ser necessário e aceito. Essa oferta é do tipo que você diz: "Eu realizo meu ser nesta oferta, realizo meu ser neste fazer, neste talento." É o meu lugar no mundo. E esse lugar é este mundo.

Nossa grandeza não é a fama que alcançamos nem nosso reconhecimento, mas o que realmente nos importa, o que nos interessa, o que nos permite servir. E servir é umas das palavras-chave que estão relacionadas à felicidade, ao talento etc. A grandeza não significa claridade absoluta, não significa saber tudo, saber aonde vou, porque ou para que, mas, sim, saber o que me importa, o que me toca a alma, o que tem importância verdadeira para nós.

Você sabe o que lhe importa, meu poderoso leitor? Quando você sabe o que lhe importa sabe também de onde vem a sua ação, pois ela vem da alma, e é por isso que você tem essa força de virar o jogo, de fé, de confiança. A vida é uma experiência e nós é que damos sentido a ela. Você pode contar a sua experiência como drama ou como comédia!

O talento do meu amigo e colega palestrante David Portes é ser empreendedor. Entrevistei-o durante um programa da Rádio Mundial, e sua história de vida é tão incomum que merece ser contada. Tudo começou em um momento muito trágico da vida dele. Motorista desempregado, ele acabou virando morador de rua, com a mulher e o filho. Numa noite, com o filho doente, precisou esmolar para conseguir os R$ 12,00 que custava o remédio. Com os R$ 12,00, resolveu comprar doces para vender na esquina e obter mais recursos. Pois é como o próprio David diz, o infortúnio de ficar desempregado pode virar a fortuna de ser um empreendedor. Hoje, ele ensina às pessoas como criar diferenciais para fugir do comum. Também ensina a encantar o cliente, a conquistar e manter clientes com boa publicidade e utilizar com eficácia o conhecido "marketing boca a boca". Ou seja, compartilha seu talento com outras pessoas, para que elas sejam melhores e contribuam para um mundo melhor. Este é o depoimento de David: "A gente só sabe que está indo para frente quando olha para trás e vê os obstáculos indo embora. Precisamos de superação, de força de vontade para dar a volta por cima. Sempre vamos ter obstáculos pela frente, mas precisamos ser mais capazes, mais ousados para pular."

O brasileiro é empreendedor desde o berço, pois já nasce com essa característica no DNA, você não acha? Por que digo isso? Porque vejo o lado positivo deste dito popular, tão negativo, que diz: "Os brasileiros sempre estão prontos para tirar vantagem de tudo." E, se analisarmos bem, tirar vantagem de tudo é ver oportunidade em tudo. O que precisamos é aproveitar essa característica que temos e juntarmos ética e inclusão, pois a partir daí seríamos empreendedores perfeitos. O empreendedor tem de estar sempre aberto à oportunidade. Mais do que entender do negócio que realiza, ele precisa ter garra, atitude, perseverança e partir para a inovação. Tem de saber fazer uma mínima pesquisa de mercado, e para isso tem de ser um bom "perguntador" e um bom "escutador". Tem de acreditar em si mesmo, pois tem que ter muita autoconfiança. Além disso, precisa ter confiança no negócio, no mercado, na equipe, pois ninguém faz nada sozinho. Também é preciso buscar capacitação. Mesmo tendo um perfil empreendedor sempre se deve buscar um conhecimento básico de finanças, comportamentos empreendedores, de liderança, de gestão de pessoas, pois no fim todos nós precisamos nos relacionar com pessoas.

Antes de encerrar este capítulo, quero conversar com você sobre uma ferramenta empresarial poderosa atualmente, que é o banco de talentos. É um instrumento adotado com frequência no mundo corporativo atual, e visa otimizar o aproveitamento dos talentos humanos, além de incentivar o desenvolvimento profissional. Esse instrumento se baseia na identificação de perfis para viabilizar a seleção dos colaboradores mais habilitados a preencher postos de chefia ou de gerência, por exemplo. Nele são armazenadas informações sobre a formação, os conhecimentos e as experiências do colaborador que permitem traçar o seu perfil de competências.

Em geral, o banco de talentos é preenchido pelo próprio colaborador e contém informações como formação acadêmica, conhecimentos adicionais (além da formação escolar), experiências acumuladas durante a vida profissional, habilidades e características pessoais com as quais o servidor se identifica, ou seja, que entende possuir.

É importante a participação dos colaboradores nesse processo e a exatidão das respostas, pois são essas informações que contribuem para uma melhor gestão da área de talentos humanos, na medida em que possibilitam:

- autoconhecimento do colaborador, das suas potencialidades e limitações;
- alocar adequadamente as pessoas em função do seu perfil, a partir da definição de padrões ocupacionais que estabelecem as competências indispensáveis ao desempenho de determinadas atividades;
- fornecer informações para subsidiar o plano de ação de desenvolvimento do colaborador;
- estimular o aperfeiçoamento e a aprendizagem contínua.

Atualmente as empresas buscam profissionais que tenham visão de águia, ou seja, aqueles que têm atitude, garra, união, inovação e autoconfiança, pois esses são os diferenciais de pessoas com caráter, em meio a uma nova geração.

Para os profissionais em início de carreira, é importante saber que as escolas técnicas, os cursinhos e até mesmo as universidades colocam à disposição das empresas um banco de talentos diferencial no qual, quaisquer que sejam seus ramos, essas empresas conseguem selecionar o profissional para futuros estágios ou empregos.

O banco de talento, para as empresas, significa expandir fronteiras, pois tal instrumento permite:

- identificar, a partir do perfil estabelecido pela empresa, as pessoas que estão dentro da média, abaixo e acima das expectativas;
- informar o "*gap*" (o que a empresa espera e o que a pessoa apresenta naquele momento);
- desenhar um plano individual de capacitação por competências, acarretando em considerável redução de custos;
- fornecer *feedback* sobre o potencial individual em tempo recorde;
- tomar decisões relativas a rodízios, promoções, formação de grupos de sucessão, aconselhamento e remanejamento.

O banco de talentos também prepara as pessoas para a avaliação de desempenho. Isso tudo é para que os consultores de recursos humanos captem novos talentos, porque as grandes companhias estão constantemente buscando formas de melhorar seus resultados e aumentar a produtividade.

Fico pensando na importância de as pessoas terem consciência desse processo, dessas possibilidades de autoconhecimento e de autodesenvolvimento que as empresas oferecem a seus talentos. É claro que elas, as empresas, têm seus interesses, mas que não têm sentido se estiverem separados dos interesses dos colaboradores, do interesse do talento.

O meu sonho seria que todas as pessoas tivessem essa oportunidade de autoconhecimento e autodesenvolvimento a partir do momento que iniciassem sua história escolar, em um gradativo crescimento, desenvolvimento e reconhecimento de seus talentos, buscando, como bons empreendedores, as oportunidades de realização de sua missão e propósito em cada fase de sua vida.

E agora tem um ponto importante que temos que acrescentar. Assim como é importante potencializar nossos talentos, nossos diferenciais e nossas fortalezas, também é importante termos consciência das nossas debilidades e fraquezas, e deixá-las cada vez mais irrelevantes na vida pessoal, profissional e social. E isso é nossa responsabilidade como pessoas adultas e autônomas, e é em que acredito. Maximizar os talentos e as fortalezas, tornar irrelevantes as debilidades e as fraquezas, sabendo que todos nós as temos e que não há nada de errado nisso.

E, agora, em vez de lhe propor um teste, convido você, meu leitor poderoso, a ouvir uma música comigo...

E onde fica a individualidade?

Águas do tempo
Fonte da vida purificação
No azul da fantasia mergulhei
Nas ondas da emoção
Lá no Egito começou o hábito de se banhar
Um ritual de prazer que conquistou a realeza
No Oriente imperou e os males da mente expulsou
Nas ervas o aroma renovou, nas termas a luxúria e o vapor
Chega a Idade das Trevas, o corpo se fecha, o sonho acabou
E o que dava prazer, virou pecado, o banho foi excomungado
As águas rolaram
As mentes lavaram, clareou!
O índio ensinou, o banho voltou
E o mundo se purificou
Renasce a esperança, toda corte é perfumada
A sujeira é disfarçada até que um francês descobriu
Corpo limpo, corpo são, o banho evoluiu
Banho de chuva, banho de cheiro oi...
Banho de felicidade, banho de gato amor
Relaxa e dá calor de verdade, banho de lua ou de sol
Na cachoeira ou no mar, Odoyá, Yemanjá
Oxum! A deusa do encanto, estende o seu manto
Aos orixás a nossa fé, quem banha o corpo, lava a alma
E toma um banho de axé!
No chuveiro da alegria

Salve! As águas de Oxalá, embala eu babá
Feito um rio de magia que deságua luxo e cor
Banhando o povo vem a Beija-Flor

Agora, embalados pelo samba-enredo que a Beija-Flor apresentou no carnaval carioca de 2009, com o título *No chuveiro da alegria, quem banha o corpo lava a alma na folia*, vamos pensar, você e eu, no que é uma escola de samba. No caso do nosso exemplo, estamos falando de aproximadamente três mil pessoas envolvidas, só considerando na apresentação na passarela. É um mecanismo fantástico de confiança, pois todas elas estão unidas como um só corpo, umas comprometidas com as outras, com o objetivo de vencer, de ganhar aquela competição. E o sucesso dessa escola, o que a fará ganhar a competição, depende da resistência de uma única pessoa e de todas ao mesmo tempo, da harmonia desse grupo, dessa unidade.

Uma escola de samba nada mais é do que uma organização capaz de reunir milhares de pessoas em torno de um único objetivo, e isso exige disciplina, criatividade, trabalho em equipe, metas claras, motivação e paixão. O que não quer dizer que não haja conflitos. Imagino como devem ser as reuniões preparatórias: muita discussão, não é mesmo? Sim, os conflitos existem nessa organização, assim como existem em qualquer outro agrupamento humano, mas são resolvidos sem perder a meta de vista.

Outro aspecto marcante revelado por uma escola de samba nos leva a concluir que a sociedade da inclusão é possível. Nas quadras onde se realizam os ensaios, nas oficinas de costura onde são feitas as fantasias, nos barracões onde se constroem aqueles carros alegóricos enormes, em todos esses lugares prevalece o sentimento de comunidade, todas as pessoas são bem-vindas, aceitas e respeitadas, fazendo parte, efetivamente, de um todo. A experiência da velha guarda é valorizada, e os integrantes mais velhos e importantes da escola de samba ganham sua própria ala. As crianças são valorizadas, também merecendo destaque com uma ala só para elas. Aprendem, assim, as tradições populares, que vão passando de geração para geração. Até para pessoas com necessidades especiais abre-se espaço, e algumas escolas de samba chegam a ter alas inteiras para cadeirantes.

Na passarela dos sambódromos, que espetáculo de união! Não é à toa que o nosso carnaval chama a atenção do mundo inteiro. São milhares de pessoas, jovens e velhas, pobres e ricas, bonitas e feias, representantes das várias etnias, com diversas origens e credos, com um mesmo objetivo e um sorriso escancarado no rosto, de pura alegria e paixão. "Lá vem ela falando de paixão de novo", você pode estar pensando. Mas é claro, meu poderoso leitor. Sem paixão a coisa não vai. Nem na escola de samba nem em qualquer outro empreendimento humano. Só a pessoa apaixonada pelo que faz revela um brilho diferente nos olhos.

Penso que esse brilho no olhar que revela uma pessoa apaixonada deveria ser observado pelos profissionais de recursos humanos quando estivessem selecionando candidatos a uma vaga de emprego. Penso que eles deveriam avaliar e testar habilidades e competências dos candidatos somente depois de perceberem no olhar dos candidatos o brilho de satisfação e prazer de quem sabe o que lhe agrada e quais são os seus propósitos.

Voltando à nossa escola de samba, é incrível o poder que aqueles integrantes na passarela têm de contagiar as pessoas, não apenas as que estão ao vivo, assistindo ao desfile, mas milhões de pessoas que também os assistem pela televisão, em nosso país e no mundo afora. Vejo esse poder de contagiar como uma onda que vai envolvendo todos por onde passa.

E seria uma onda extremamente positiva, você não acha? Em um mundo que vive uma crise de individualismo, este poderia ser um grande aprendizado: levar as pessoas a sair do pequeno mundo em que vivem, a sair do superficialismo, e brindar o todo, o conjunto! Aprender a saber quem somos, a nos conhecer, é uma questão de relevância máxima. Sabemos tanto sobre tantas coisas, conhecemos desde planetas e galáxias, desenvolvemos a física quântica, criamos teorias bastante prováveis sobre a origem do homem e analisamos a fundo o funcionamento do cérebro e da psique humana. Porém, não nos conhecemos o suficiente, quando continuamos nos vendo separados do restante do Universo, como se fôssemos superiores a todos os outros seres. Não! Absolutamente, não. Fazemos parte do todo. Hoje não é mais possível olhar apenas para o seu umbigo. É preciso pensar na harmonia do conjunto, acreditando que todos estão desenvolvendo seu papel. Não importa que você seja o centésimo ritmista da bateria:

você deve desenvolver perfeitamente o seu trabalho para que a escola vença aquela competição.

A individualidade é cada vez mais importante, no sentido de você ser único dentre os bilhões de habitantes deste planeta. Dentre todas as mulheres do planeta Terra, só uma é Leila Navarro. Eu sou única, mas único é cada um de nós. Eu sou única, mas não sou a única. E digo também que não há mais lugar no mundo para o individualismo, porque todas as pessoas são únicas e interdependentes, assim como são únicas e interdependentes as células que compõem o corpo humano.

O individualismo também pode levar a uma maneira de raciocinar, de ler o mundo, de perceber e de sentir a partir da exclusão, ou seja, pode levar ao pensamento que simplifica e dualiza: ou é isto ou é aquilo. Na verdade, o que precisamos é desenvolver o raciocínio de inclusão, ou, mais do que isso, a cultura da inclusão, o sentir da inclusão, em que é isto e é também aquilo, ou seja, para alguém ser rico o outro não tem de ser pobre, para uma pessoa ser feliz a outra não tem de ser infeliz, para um ganhar o outro não tem que perder.

Quando meu ex-marido me pediu um tempo, no tempo em que ainda éramos casados, dizendo que nosso relacionamento estava desgastado, que ele precisava daquele tempo etc. e tal, eu lhe disse: "Claro, lhe dou esse tempo. Fique aí com as crianças, com a clínica, o sítio, com as vacas, as galinhas, os cavalos... Cuide de tudo, por que eu vou para os Estados Unidos fazer um curso que é o meu sonho, mas que nunca tive um tempo para fazer." Naquele momento, morávamos em umas terras no interior de São Paulo, onde tínhamos tudo isso: vários animais, além do imóvel em si e dos três filhos para cuidar. Muitas pessoas riem dessa história, porque a maioria das mulheres ficaria reclamando, chorando pelos cantos, porque o marido pediu um tempo. Como eu tenho uma cabeça na inclusão, como acredito e reafirmo sempre que posso que um não precisa perder para o outro ganhar, logo percebi que aquele tempo seria para mim também, que eu poderia ser feliz durante esse tempo e ele também. Eu não precisava ficar infeliz para ele ser feliz; e vice-versa. Então, eu lhe disse: "Claro, lhe dou esse tempo", e fui fazer meu curso nos Estados Unidos.

Aliás, quando falo a respeito dos meus sonhos e pergunto sobre os sonhos das pessoas algumas respondem: "Ah, eu sou muito reservada com meus sonhos, porque as pessoas são invejosas e podem copiar meu sonho." É claro que esse sonho não vai dar certo! Com essa mentalidade de exclusão, pensando que se um realizar o sonho o outro não pode realizar também, com essa mentalidade de pobreza, de escassez, haja talento! Conheço muitas pessoas que têm a síndrome da escassez, isto é, passam a vida trabalhando para quando for faltar, e vivem sempre em crise.

Tenho um amigo sexagenário que trabalha em uma multinacional. Ele já podia aposentar-se e ir fazer algo de que gostasse, pois o que faz hoje nessa empresa já não lhe dá a mesma satisfação de antes. Mas ele diz que ainda não pode se aposentar nem mudar de atividade agora, porque precisa formar os filhos, e cria uma série de necessidades, dizendo que precisa disso, daquilo e daquilo outro; sua lista de "sês" é interminável: se isso e se aquilo... Esse meu amigo por acaso tem cinco casas, sem contar a que mora: tem casa de veraneio, de campo e outras de aluguel. Resumindo: reclama da empresa em que está e, quando pergunto por que não sai, ele me diz que tem de esperar. Até quando? Ele responde que ainda não pensou nisso.

Penso que um facilitador, um dinamizador, um potencial maximizador que todas as pessoas deveriam desenvolver é uma nova cultura, um novo paradigma: a cultura da inclusão. Quero reproduzir aqui para você, meu poderoso leitor, o discurso que uma adolescente canadense fez durante a ECO 92 no Rio de Janeiro, pois acredito que a consciência que essa garota clama é justamente a consciência que todos nós deveríamos ter em relação à inclusão: pensar no planeta, nos organismos vivos e no *Homo sapiens* — ou quase *sapiens* — como um todo, seres únicos que se completam e que dependem uns dos outros para uma finalidade. Se preferir, você pode assistir ao vídeo na internet, pelo *site* do YouTube, no seguinte endereço: http://www.youtube.com/watch?v=uACrQrzJGBM&feature=player_embedded.

> "Olá, sou Severn Suzuki. Represento na ECO a organização das crianças em defesa do meio ambiente. Somos um grupo de crianças canadenses de 12 a 13 anos, tentando fazer a nossa parte, contribuir: Vanessa Suttie, Morgan Geisler, Michelle Quigg e eu. Todo dinheiro que precisávamos para vir de

tão longe conseguimos por nós mesmos para dizer que vocês, adultos, têm que mudar o seu modo de agir. Ao vir aqui, hoje, não preciso disfarçar meu objetivo. Estou lutando pelo meu futuro. Não ter garantia quanto ao meu futuro não é o mesmo que perder uma eleição ou alguns pontos na bolsa de valores. Estou aqui para falar em nome das gerações que estão por vir. Estou aqui para defender as crianças com fome cujos apelos não são ouvidos. Estou aqui para falar em nome dos incontáveis animais morrendo em todo planeta, porque já não têm mais para onde ir. Não podemos mais permanecer ignorados. Hoje tenho medo de tomar sol por causa dos buracos na camada de ozônio. Tenho medo de respirar esse ar porque não sei que substâncias químicas o estão contaminando. Eu costumava pescar em Vancouver com meu pai até o dia em que pescamos um peixe com câncer. Temos conhecimento de que animais e plantas estão sendo destruídos a cada dia e em vias de extinção. Durante toda a minha vida eu sonhei ver grandes manadas de animais selvagens, selvas, florestas tropicais repletas de pássaros e borboletas, mas agora eu me pergunto se meus filhos vão poder ver tudo isso. Vocês se preocupavam com essas coisas quando tinham a minha idade? Todas essas coisas acontecem bem diante dos nossos olhos, e mesmo assim continuamos agindo como se tivéssemos todo o tempo do mundo e todas as soluções. Sou apenas uma criança e não tenho as soluções, mas quero que saibam que vocês também não têm. Vocês não sabem como reparar os buracos da camada de ozônio. Vocês não sabem como salvar os salmões das águas poluídas. Vocês não podem ressuscitar os animais extintos. Vocês não podem recuperar as florestas que um dia existiram onde hoje é deserto. Se vocês não podem recuperar nada disso, então, por favor, parem de destruir! Aqui, vocês são os representantes de seus governos, homens de negócios, administradores, jornalistas ou políticos, mas, na verdade, são mães e pais, irmãos e irmãs, tias e tios, e todos também são filhos. Sou apenas uma criança, mas sei que todos nós pertencemos a uma sólida família de cinco bilhões de pessoas e ao todo somos trinta milhões de espécies compartilhando o mesmo ar, a mesma água e o mesmo solo. Nenhum governo, nenhuma fronteira poderá mudar esta realidade. Sou apenas uma criança, mas sei que esse problema atinge a todos nós e deveríamos agir como se fôssemos um único mundo rumo a um único objetivo. Apesar da minha raiva, não estou cega; apesar do meu medo, não sinto medo de dizer ao mundo como me sinto. No meu país geramos tanto desperdício, compramos e jogamos fora, compramos e jogamos fora, e os países do Norte não compartilham com os que precisam. Mesmo quando temos mais do que o suficiente temos medo de perder nossas riquezas, temos medo de compartilhá-las. No Canadá, temos uma vida privilegiada, com fartura de alimentos, água e moradia. Temos relógios, bicicletas, computadores e aparelhos de TV. Há dois dias, aqui no Brasil, ficamos chocados quando estivemos com crianças que moram nas ruas. Ouçam o que uma delas nos contou: 'Eu gostaria de ser rica, e se fosse daria a todas as crianças de rua alimentos, roupas, remédios, moradia, amor e carinho.' Se uma criança de rua que não tem nada ainda deseja compartilhar, por que nós que temos tudo somos ainda tão mesquinhos? Não posso deixar de pensar que essas crianças têm a minha idade e que o lugar onde nascemos faz uma grande diferença. Eu poderia ser uma daquelas crianças que vivem nas favelas do Rio. Eu poderia ser uma criança faminta da Somália. Uma vítima da guerra do Oriente Médio ou uma mendiga da Índia. Sou apenas uma criança, mas ainda assim sei que se todo o dinheiro gasto nas guerras fosse utilizado para acabar com a pobreza, para achar soluções para os problemas ambientais, que lugar maravilhoso a Terra seria! Na escola, desde o jardim da infância, vocês nos ensinaram a ser bem comportados. Vocês nos ensinaram a não brigar com os outros, a resolver as coisas bem, respeitar os outros, arrumar nossas bagunças, não maltratar outras criaturas, dividir e não ser mesquinho. Então, por que vocês fazem justamente o que nos ensinaram a não fazer? Não esqueçam o motivo de estarem assistindo a estas conferências, e para

> quem vocês estão fazendo isso. Vejam-nos como seus próprios filhos. Vocês estão decidindo em que tipo de mundo nós iremos crescer. Os pais devem ser capazes de confortar seus filhos, dizendo-lhes: 'Tudo ficará bem. Estamos fazendo o melhor que podemos.' Mas não acredito que possam nos dizer isso. Estamos sequer na sua lista de prioridades? Meu pai sempre diz: 'Você é aquilo que faz, não aquilo que você diz'. Bem, o que vocês fazem nos faz chorar à noite. Vocês, adultos, nos dizem que nos amam. Eu desafio vocês. Por favor, façam suas ações refletirem as suas palavras. Obrigada."

Gostaria, então, que você, meu poderoso leitor, pensasse agora com a cabeça de um integrante de uma escola de samba. Que tal? Que tal se criássemos uma grande conexão, uma canalização da nossa essência com o Universo, formando uma escola de samba? Ela poderia se chamar Terráqueos Unidos por um Mundo Melhor, o que você acha, leitor poderoso? Será que isso acabaria com a crise pontual pela qual estamos passando? Vejamos, em primeiro lugar, o que você entende por crise:

a. É a hora de conter custos, de rever planejamentos, de segurar investimentos.
b. Um momento delicado no qual a melhor postura é observar comportamentos, atitudes e tendências, e aguardar.

c. Uma boa desculpa para aumentar o preço de bens, mercadorias e serviços.
d. Crise é algo inventado pelos homens brancos de olhos azuis, para gerar uma reviravolta em benefício próprio.
e. Nenhuma das opções anteriores.

Confira sua resposta a seguir...

SAINDO DA CRISE
CRISE

Capítulo 4

O que a crise tem a ver com tudo isso

Devo tomar qualquer coisa ou suicidar-me?
Não: vou existir. Arre! Vou existir.
E-xis-tir... E—xis—tir...

FERNANDO PESSOA

Como o dicionário define crise

Dentre as definições de crise que constam nos dicionários em português, escolho aquela que se refere à aplicação médica do termo, ou seja, de ser *o momento que define a evolução de uma doença para a cura ou para a morte.*[5]

Se você ficou intrigado com a minha resposta, pense no seguinte paralelo: se devo decidir entre viver ou morrer, então essa tal de crise não deixa de ser um impasse diante do qual devo fazer escolhas, e de preferência as escolhas mais acertadas possíveis, porque aqui ninguém quer morrer, não é mesmo? Ninguém acorda pela manhã e diz na frente do espelho: "Hoje, vou tentar morrer um pouquinho, só pra ver como é", diz?

Chamo esse impasse, esse momento decisório, de oportunidade. É como se fosse um portal, por onde passamos para descobrir uma grande e radiante perspectiva que antes não enxergávamos, olhando para além e vendo dentro de nós mesmos, em busca de superação. Quando falo de superação, porém, não quero dizer que temos de ser super-heróis. Não, temos de ser apenas humanos, com potenciais plenos em prol do outro e do mundo...

Quando penso em crise e histórias de vida, de pessoas que usaram as crises como oportunidades de superação, me vem à mente a história de Ronaldo, o jogador de futebol. Não entendo nada de futebol, meu poderoso leitor, nem assisto a jogos, mas tenho uma amiga tão fã do Ronaldo, que me contou a história dele e me fez refletir sobre esse fenômeno. A seguir vai o relato que ela me enviou sobre a carreira de Ronaldo.

Ronaldo Luís Nazário de Lima nasceu no Rio de Janeiro em 18 de setembro de 1976. Aos 14 anos passou a integrar o time do São Cristóvão, onde jogou por três anos, até ter seu passe comprado por empresários que nada tinham com o ramo do futebol. Fez sua estreia no futebol nacional em 1993, contratado pelo Cruzeiro, onde despontou ao fazer doze gols em quatorze jogos, conquistando assim o primeiro título da Copa do Brasil (segundo torneio mais importante do calendário do futebol no país) da história do clube mineiro. Demonstrando enorme potencial no ano em que jogou pela equipe do Cruzeiro, não demorou a alcançar, aos 18 anos, o sonho de todo jogador brasileiro: contratado pelo PSV da Holanda, um grande time europeu, foi convocado para integrar a seleção brasileira na disputa da Copa do Mundo de 1994, realizada nos Estados Unidos. Seria o primeiro grande título do craque, apesar de não ter participado de nenhum jogo.

Durante o período de três anos que jogou no clube holandês, Ronaldo, então Ronaldinho, foi aprimorando toda a técnica que já demonstrava através de seu faro de gol: foram sessenta e sete gols em setenta e um jogos, que asseguraram a conquista da copa da Holanda e o título de artilheiro holandês. Enquanto isso, os profissionais do clube faziam todo um planejamento específico para que o franzino dentuço encorpasse e ganhasse músculos, visando a um sucesso ainda maior no futebol europeu, no qual predomina o preparo físico e a consciência tática em detrimento da técnica e da habilidade — características tidas como naturais aos sul-americanos. O resultado desse período de preparação inevitavelmente chamou a atenção dos gigantes europeus, que disputavam a tapa o jogador. Seguindo o mesmo destino de Romário, seu compatriota e igualmente companheiro vitorioso na Copa do Mundo de 1994, saiu da fria Holanda para tornar-se ídolo de um dos clubes mais míticos do futebol mundial.

Ronaldo deixou para trás o *status* de aposta para brilhar intensamente: transferiu-se em 1996 para o Barcelona, na Espanha, ao custo de US$ 20 milhões, e já era considerado um grande jogador. No mesmo ano, disputou os Jogos Olímpicos de Atlanta e obteve a medalha de bronze. No concorrido futebol espanhol, mais brilho: com o total de quarenta e sete gols em quarenta e nove jogos, conquistou a Copa da Espanha, a Supercopa da Espanha e levou o Barcelona à conquista da Copa da UEFA, segundo torneio interclubes mais importante do futebol europeu. No campeonato espanhol, Ronaldo segue até hoje sendo o artilheiro do molde atual do torneio, com trinta e quatro gols. Com arrancadas fulminantes, chutes certeiros e muito talento, como no gol em que arrancou do meio de campo só parando depois de pôr a bola para dentro do gol adversário, Ronaldo conquistou por dois anos o prêmio máximo individual do futebol: foi eleito em 1996 e 1997 o melhor jogador do mundo pela FIFA, entidade que organiza o futebol mundial.

No ápice de seu físico e de sua carreira, tinha tanto apelo comercial que fez com que a Internazionale de Milão, equipe italiana, abrisse os cofres para pagar uma transferência de US$ 28 milhões, um recorde na época. Repetindo o bom futebol apresentado na Espanha, liderou o tradicional time italiano na conquista da Copa da UEFA em 1998. Acostumado aos gols, às vitórias e aos títulos, Ronaldo era a grande estrela e a esperança para a conquista do pentacampeonato na Copa do Mundo na França.

Carreira brilhante, de talento certo, não é mesmo? Mas apenas começava o calvário: a primeira crise.

Durante a disputa da Copa, Ronaldo marcou quatro gols e deu três assistências, levando a equipe brasileira à segunda final consecutiva, mas, por motivos que até hoje continuam sem explicação, sofreu uma convulsão na noite anterior, acabou jogando a final de forma apática, sentindo os efeitos tardios do acidente e acabou sucumbindo com o restante da seleção brasileira diante da França de Zidane.

Atordoado, abatido e com muitas dúvidas pairando ao seu redor, Ronaldo começou a sentir o viés negativo da fama: sentia o escrutínio da imprensa em sua vida pessoal, e lutava para suportar aquilo que seus meros 22 anos não lhe davam respaldo para compreender. Pressionado, via-se enfrentando problemas cada vez maiores, na vida profissional e na vida pessoal. De volta ao time milanês, terminou o relacionamento que tinha com a atriz Suzana Werner, e, dando prioridade à recuperação de sua vida particular, casou-se em abril de 1999 com a também jogadora de futebol Milene Domingues. Mas o ano reservava surpresas ainda ingratas: em 21 de novembro, durante uma partida do campeonato italiano, sofreu uma grave lesão ao torcer o joelho direito e romper todos os ligamentos. A cirurgia era considerada muito delicada e a recuperação seria lenta, o que fez com que muitos apostassem que a carreira até então brilhante seria prematuramente abreviada.

Se fosse com você, qual seria o fim dessa crise? Pois, felizmente, a evolução da tecnologia e dos métodos de tratamento permitiu que o craque superasse o momento e tivesse uma segunda chance, fato raro aos jogadores de futebol até então.

Na fase final dos seis meses de sua recuperação, nasceu o primeiro filho do jogador, Ronald, em abril de 2000. A chegada do filho deu a ele novo ânimo — porém por pouquíssimo tempo: seis dias depois do nascimento do primogênito, Ronaldo fazia sua reestreia na equipe da Inter, na final da copa da Itália, quando, sete minutos depois de entrar em campo, rompeu novamente os ligamentos do joelho, numa cena que foi repetida à exaustão pela mídia mundial.

Pronto! E agora: encerrar a carreira? Se muitos duvidavam da recuperação de Ronaldo, aquela imagem soava como um "Viu, não falei?" dos pessimistas. Para piorar, ainda em 2000 teve de operar o joelho esquerdo, praticamente sepultando qualquer esperança que houvesse de ver o craque brilhar.

No longo tempo de trinta e seis meses de recuperação, enquanto curtia o filho, Ronaldo sempre acreditou em sua capacidade de superação. Voltando aos gramados em 2002 para retomar aquilo que mais lhe dava felicidade, ia novamente mostrando que não desistiria facilmente de seu talento, de sua missão. Acreditando na humildade, na sinceridade e no talento do jogador, Luiz Felipe Scolari, técnico da seleção brasileira, deu uma chance a Ronaldo, que viajou com a delegação para disputar sua terceira Copa do Mundo, na Coreia e no Japão. Foi quando veio a redenção: ao lado de nomes como Rivaldo e Roberto Carlos, foi artilheiro do torneio com oito gols, marcando dois deles na partida da final contra a Alemanha, gols que valeram a vitória e que permitiram que ele completasse o objetivo que lhe havia escapado quatro anos antes: o Brasil era pentacampeão, e, participando de três finais seguidas, se estabelecia como a maior potência no esporte. Ronaldo deixava de ser Ronaldinho para entrar para a história como Ronaldo, o Fenômeno. No mesmo ano, recebeu pela terceira vez o prêmio de melhor jogador do mundo da FIFA, feito também conquistado apenas por seu amigo e futuro parceiro de time Zinedine Zidane.

Depois dos cinquenta e nove gols marcados nos cem jogos disputados ao longo dos cinco anos que permaneceu na Itália, Ronaldo dava mais um passo na carreira, sendo contratado pelo Real Madrid, na Espanha, tido como o time mais rico do mundo, sendo uma das estrelas do time que se conhece por "Galácticos": alguns de seus companheiros foram Roberto Carlos, Zidane, Beckham e Figo. Com a equipe merengue, seguiu na rotina de vitórias e títulos, acrescentando às conquistas o campeonato espanhol, a copa intercontinental e a supercopa da Espanha.

Não lhe parece uma história com final feliz? Porém, com o passar do tempo, Ronaldo começou a sentir mais o peso da idade, sofrendo com algumas lesões e com problemas de peso corporal. Claramente fora de forma, não conseguiu repetir na Copa do Mundo de 2006, realizada na Alemanha, o desempenho apresentado em tempos anteriores. Não obstante, mesmo em má fase, com os três gols assinalados na competição, tornou-se o jogador com o maior número de gols marcados em copas do mundo da história, superando em um gol a marca anterior do alemão Gerd Muller.

Alternando bons e maus momentos, continuava a fazer gols, alcançando a marca de oitenta e três tentos ao total de cento e vinte e sete jogos. Permaneceu até 2007 no time da capital espanhola, quando decidiu sair por atritos com o treinador e com a mídia local. Desejava trocar de ares, e, assim como enfureceu os torcedores catalães ao jogar no rival de Madri, retornou à Itália, mas para jogar no arquirrival de seu antigo time: o Milan.

Desembarcou no Milan em janeiro daquele ano, sendo um dos responsáveis pela boa campanha do time italiano no ano. Aos poucos recuperava a forma e jogava melhor ao lado dos muitos brasileiros companheiros de time, quando sofreu o terceiro grande baque na carreira: em janeiro de 2008, nova lesão, nova ruptura nos ligamentos, nova cirurgia e a velha desconfiança. Sentia cada vez mais o pessimismo e o julgamento alheio, que consideravam, além da recorrência da lesão, a forma física como um dos impeditivos e um dos motivos para o fim da carreira. Não apenas a imprensa e o público desconfiavam da recuperação como também seu próprio clube: ao contrário do rival, que esperou pacientemente pela recuperação do astro, o Milan encerrou o contrato do jogador.

Deprimido, revoltado e confuso, em plena crise, Ronaldo aproveitou novamente o tempo fora dos campos para pôr em ordem a vida pessoal. Ou seja, olhou para a nova crise como uma nova oportunidade. Já separado da mãe de seu primeiro filho, realizou um casamento pomposo e midiático com a apresentadora Daniela Cicarelli em um castelo na Europa. Em pouco tempo o casamento acabou. Fotos do período revelavam um Ronaldo barrigudo, muito acima do peso ideal, fumando, relaxado. Por mais problemática que se encontrava a situação, Ronaldo ainda acreditava em seu sonho e potencial, e foi novamente para uma difícil recuperação.

De volta ao Brasil, deu início, por conta própria, a um tratamento no Flamengo, clube do qual é torcedor assumido, com a pretensão de prosseguir com a carreira no país, no clube do coração. Em dezembro de 2008, porém, nova polêmica: acabou contratado pelo Corinthians, alegando a existência de um projeto mais bem estruturado que o do time rubro-negro carioca.

No que faz crer, o nome do craque será sempre visto com amor e com ódio em todos os lugares por que passa — vale lembrar que o oposto da paixão é a indiferença, e que o ódio é apenas uma variação do amor frustrado!

Com a mídia brasileira ainda mais próxima ao Fenômeno, logo torcedores, telespectadores, mídia, clube e jogador perceberam que a possível volta do jogador aos gramados seria muito mais complicada: com o reconhecimento que tem em seu país natal, a marcação seria muito mais acirrada fora dos campos do que dentro dos gramados das arenas do país. Com todo e qualquer passo ou movimento sendo observado, a única maneira de sobrevivência da carreira seria tratá-la com a mesma seriedade e vontade que demonstrou por longos quinze anos de "exílio". Ainda se recuperando e ambientando, os primeiros passos na volta aos gramados tupiniquins foram vacilantes: boatos de festas e vida desregrada, aliados à desconfiança de que tal volta seria apenas produto de marketing do alvinegro paulista.

Mas Ronaldo, uma vez mais, justificou o apelido herdado ainda em solo italiano. Mais uma vez casou, e teve a filha Sophia com a mulher Bia Anthony. Mais uma vez enfrentou o que seria uma crise como uma oportunidade. Sob a batuta do técnico Mano Menezes, a quem considera como Scolari, absorveu a noção de que um produto, ainda que de marketing, só vende quando se justifica: treinando em período dobrado, muitas vezes sozinho e em clima adverso, lentamente foi preparando seu corpo, já não mais tão novo, contando agora 32 anos, para aguentar o ritmo que o futebol profissional e as canelas dos zagueiros adversários exigiriam dele. Com o currículo, toda a experiência e a humildade adquiridas na longa convivência com a bola, não só se tornou peça fundamental (anotando dez gols em quatorze jogos) na conquista histórica e invicta do campeonato paulista de 2009 com o Corinthians, como serviu de fonte de exemplo e inspiração para todos os companheiros de time e todos os milhares de fãs que torcem por ele.

A lógica de Ronaldo pode parecer óbvia e tola, mas a receita da humildade que carregou desde que saíra dos campos do subúrbio carioca, aliada à vontade e à determinação aparentemente infindáveis, produziu não só um craque de futebol, mas um ídolo que inspirou de campanhas publicitárias — como a do Governo Federal com o mote "Sou brasileiro e não desisto nunca", tomando como base Câmara Cascudo ("O melhor do Brasil é o brasileiro") —

a músicas em sua homenagem, como o hino criado pelo músico Marcelo D2 para o jogador, cujos versos exaltam as qualidades percebidas pelo público geral na história de vida, superação e motivação do jogador:

> Sou Ronaldo
> Muito prazer em conhecer
> Eu sou Fenômeno
> Ronaldo Nazário dos campos
> E quero muito agradecer a Deus
> Por ter me escolhido no meio de tantos
> Igual a todo brasileiro, eu sou guerreiro
> Às vezes caio, mas eu me levanto, mas eu me levanto
> Sou Ronaldo
> O desafio sempre esteve
> E estará em minha vida
> E eu já nem me espanto
> E se o mundo é uma bola
> A gente tem que entrar de sola
> Pra ganhar o campo
> Eu não me intimido e parto pra cima
> E só me contento ao ouvir
> A galera entoando esse canto
> Rooooooooo-naldo é gooool
> Rooooooooo-naldo é gooool
> [...]
> O meu desejo é ser criança
> E não perder a esperança
> De ver o jogo mudar
> Eu sou Ronaldo
> [...]

Sou de suar minha camisa
Conquistar minha divisa
Eu já provei que eu sou Ronaldo
E se você não acredita
Que eu não sou de fazer fita
É só esperar pra ver
Roooooooo-naldo é gooool
Roooooooo-naldo é gooool
[...]

Eu nem precisava reproduzir a música aqui, já que ela está nas rádios o tempo todo, mas achei interessante o autor dizer "se o mundo é uma bola, a gente tem que entrar de sola pra ganhar o campo", ou "meu desejo é ser criança e não perder a esperança de ver o jogo mudar", por exemplo; são coisas que podem gerar certa reflexão em você, meu poderoso leitor, e foi por isso que a reproduzi.

Certamente, ao ler a história de crises e superações de Ronaldo você se lembrou de outras histórias também de aprendizados diante de crises. Poderíamos falar de várias pessoas conhecidas no cenário mundial, como o nosso próprio presidente Lula, ou como Michael Jackson, que morreu em junho de 2009, em meio a tanta polêmica quanto em vida, ou mesmo da minha vizinha, de mim mesma e de você, que passamos, já que estamos vivos, por crises na vida, por situações de escolhas e superação. Às vezes desistimos e mudamos o caminho, mudamos a escolha ou tocamos em frente as nossas escolhas, e assim vai. Não acredito em fracasso, acredito em fracassado, porque cada um de nós é quem pode dar significado à nossa experiência de vida.

Na abertura do fórum que a revista *Exame* promoveu recentemente para discutir a crise global, foram estas as palavras de Roberto Civita, presidente do conselho de administração do Grupo Abril: "É preciso estarmos preparados para a retomada que virá e para aproveitar as oportunidades que estão à nossa frente. É preciso estarmos preparados para sair dessa crise mais fortes do que entramos nela."

Se for necessário haver crise para buscarmos o equilíbrio, então a crise é o fiel da balança, ou seja, uma oportunidade de crescimento, de desenvolver a capacidade de reação, para sermos felizes mesmo diante da crise mais pessoal que podemos enfrentar: fazer o que gosto, o que me importa, aquilo para o qual tenho talento, ou fazer o que os outros esperam que eu faça, uma carreira bem-sucedida.

Já falei antes em espaços de confiança, mas agora vamos abordar o assunto com mais profundidade. Como anda a sua confiança, meu poderoso leitor, em si mesmo, nos outros e no mundo?

a. Confiar no outro é oferecer uma prova de amizade ou de amor entre duas pessoas.
b. Acredito naquele provérbio popular que diz: "O seguro morreu de velho, mas o desconfiado ainda está dando voltas por aí."
c. Só posso confiar quando posso prever. Não sei o que esperar de um mundo tão deturpado como o nosso. Portanto, não confio neste mundo.

d. Conheço-me o suficiente para me sentir seguro das minhas metas, dos meus atos, palavras e emoções.
e. Nenhuma das opções anteriores.

Confira sua resposta a seguir...

O modelo de dar, receber e confiar

Vivemos em um mundo competitivo, repleto de tensões, no qual tudo muda rapidamente e ninguém sabe o que nos reserva o futuro. Nesse contexto, é possível confiar nas outras pessoas? É possível confiar no amanhã, no mercado, nos projetos, nos governos? A maioria das pessoas acha que não. Mas eu lhe digo que sim, que é possível, e, além disso, é necessário.

Vou-lhe propor uma brincadeira um tantinho diferente da tradicional dança das cadeiras, meu poderoso leitor. Estou falando daquela brincadeira que já citei em outro capítulo, em que têm de se sentar doze pessoas, por exemplo, em apenas onze cadeiras. Depois, uma cadeira é tirada e outras onze pessoas têm de competir entre si para ocupar dez cadeiras, e assim sucessivamente, sempre sobrando pessoas, numa brincadeira em que aprendemos que para uma pessoa ganhar várias outras têm que perder.

Mas imagine que em nosso cenário exista apenas uma cadeira, e somos oito pessoas participando. Todos juntos, começamos a dançar em volta dela, pensando em como faremos para ocupar aquela cadeira. A pessoa que está atrás de mim depende do meu passo para dar o seu, assim como eu dependo do passo de quem está na minha frente. Quero que neste jogo todos consigam sentar-se e que ninguém sobre, por isso é que eu chamo de dança da inclusão, porque todos ganham. Pois bem, na minha versão da dança das cadeiras, as pessoas conseguem se organizar de maneira tal que quando uma pessoa se senta disponibiliza dois joelhos de apoio para outras duas pessoas sentarem, e assim por diante, formando, então, uma rede de pessoas sentadas.

Nesse caso, aprendemos a inclusão onde todos ganham, onde ninguém fica de fora, ninguém sobra. Aprendemos também o minimalismo, ou seja, fazer muito com pouco, fazer muitos ganhadores com pouca cadeira, fazer muitos se sentarem com uma única cadeira disponível, e todos se sentem parte integrante sem privilégio.

Mas não é o bastante, tem que se dar um passo a mais, que é o passo que as organizações precisam aprender: a dança da inclusão com o máximo de minimalismo, sem cadeira e sem música, porque hoje temos que fazer muito com pouco, com poucas pessoas, com pouco dinheiro, poucos recursos, pouco tempo, tomar banho com pouca água... É a nossa realidade.

Ainda faço outra brincadeira nas minhas palestras, que é parecida com essa. Peço que venham algumas pessoas ao palco e formem uma fila; depois, fechamos essa fila em uma roda, com as pessoas umas atrás das outras, com as mãos nos ombros do companheiro da frente. E, brinco, dizendo que, quando uma pessoa entra na empresa, ela entra para oferecer o seu talento, o seu melhor, o que pode agregar ao desenvolvimento e ao bom funcionamento do sistema. Em nossa roda no palco, esse talento está representado pelos dois joelhos. Então, cada pessoa terá que dar os dois joelhos para a pessoa da frente se sentar. Mas acontece que as pessoas ficam desconfiadas, não querendo dar os dois joelhos com medo de cair, e põem um pé atrás, ficam na economia da entrega, da doação, do comprometer-se. Na realidade, ficam na retaguarda, e aí o outro não senta; não sentando, portanto, não consegue oferecer os dois joelhos para quem está na sua frente.

Quando entramos na organização, nos comprometemos a dar o nosso melhor, mas quando já estamos lá ficamos olhando o que vamos receber. Se você ficar só olhando para trás não vai oferecer adequadamente os joelhos para a pessoa na sua frente sentar, e então concluímos que cada um de nós é responsável pelo que dá e não pelo que recebe. Se todos dão, todos recebem! Em nossa roda, no palco, vamos ter de dar uma parte do nosso corpo para o colega da frente, ao mesmo tempo em que, nas costas, vamos receber alguma parte do corpo do companheiro de trás. Tudo depende da confiança. A brincadeira segue entre risos, porque a plateia ainda não enxergou aonde eu quero chegar e leva na malícia, claro. Dos ombros, as mãos descem para a cintura da pessoa que está à frente. E eu faço os participantes irem se abaixando, dobrando os joelhos devagar, confiando que o parceiro que está atrás faça a mesma coisa. Assim, chega um momento no final em que cada um vai acabar se sentando sobre os joelhos do companheiro que está atrás, recebendo apoio na mesma medida em que oferece apoio ao companheiro da frente.

Perceba como é importante a confiança nessa hora! Se você for se abaixando e dobrando os joelhos para oferecer apoio ao colega da frente, mas se o parceiro de trás não o acompanhar nesse movimento, você ficará sem apoio, bem como o colega da frente, e assim sucessivamente com todos os participantes. E o que acontece? Todos caem no chão! Pela falta de um elemento com o movimento semelhante, toda a roda se desequilibra. Mas se todos fizerem o mesmo movimento, ao mesmo tempo, todos receberão e darão apoio aos demais, e o círculo se sustenta, formando uma grande cadeira humana. É assim que oito pessoas, por exemplo, conseguem sentar-se sem cadeira nenhuma.

No caso da dança da inclusão, temos três aspectos básicos e importantes, que são a inclusão, o minimalismo e as pessoas, pois sem pessoas nada acontece, elas é que fazem acontecer. Uma das conclusões que eu proponho para essa brincadeira é que as pessoas dão porque recebem.

Outra conclusão é a de que ninguém é tão bom que não precise de ninguém que o ajude, assim como ninguém é tão tranqueira que não possa dar algo para alguém. Você pode rir disso, poderoso leitor, mas é verdade. Não falo apenas de ajudas materiais, mas também da ajuda amorosa, de ouvir um amigo que está passando por uma situação difícil, por exemplo, ou da ajuda companheira de você se oferecer para lavar a louça do café da manhã, quem sabe talvez colaborar com o colega do departamento ao lado para terminar a apresentação que ele está criando já com algum atraso.

Obviamente, tanto os participantes quanto a plateia podem chegar a outras conclusões. Nunca gostei daquelas fábulas que traziam a moral da história no fim. Penso que em toda história há diversas leituras possíveis, e não subestimo as pessoas que participam das minhas palestras lhes oferecendo um desfecho pré-preparado.

Outra leitura possível para essa brincadeira é a de que ela nos oferece uma visão do todo. E eu costumo chamar o presidente da empresa para sentar junto conosco, pois não dá para, nesse sistema, deixar alguém de fora só dando ordens ou dizendo que faça isso ou faça aquilo sem tomar parte. Toda essa conversa de dança das cadeiras que fazemos também serve para falar da confiança, pois se não houver confiança, eu não dou tudo que tenho para dar, e acabo provocando desconfiança no sistema, porque ele funciona em cadeia, alimentando inclusive a falta de autoconfiança.

Não existe meia autoconfiança, porque a autoconfiança é como a confiança: ou se confia ou não se confia. Além disso, não posso confiar mais ou menos, pois confiar mais ou menos é não confiar. Mas não quer dizer que se confio em uma pessoa, confio em tudo dessa pessoa. Por exemplo, confio que o fulano vai conseguir realizar tal trabalho, mas não confio que cumprirá o prazo. O mesmo acontece na autoconfiança: você pode confiar em si mesmo para fazer uma palestra em português e não ter autoconfiança em fazê-la em inglês. Você entra em um novo relacionamento e confia que não vai ser dependente, mas não confia que não vai ser ciumento.

Será que confiar é não ter medo? Penso que onde haja medo não há confiança e vice-versa. Porém, como quase nada é absoluto, a confiança não é estável, e pode às vezes aparecer um medo em relação a alguma coisa em que você tem confiança. Por que será? Você está perdendo a confiança? Não; é a evolução da confiança. Isso faz parte do crescimento dela: é a hora de você rever a valia e a intensidade dessa confiança promovendo um desafio a mais. Por exemplo, uma pessoa confia que mergulha muito bem, com segurança e tranquilidade até 30 pés de profundidade e quer arriscar mergulhar 50 pés; é lógico que lhe dá certo medo, pois tem que empregar mais atenção, analisar e talvez ver que é melhor ficar mais um pouco nos 30 pés antes de começar a arriscar os 50 pés.

Fui fazer um voo de paraquedas puxado por uma lancha em alto-mar. Ia fazer um voo duplo — isto é, junto com outra pessoa, não ficaria lá em cima, nas alturas, sozinha — e isso me deixava bem tranquila e confiante, pois tenho medo de altura. Porém aconteceu que, quando chegamos para fazer o voo, o instrutor nos explicou que a soma do nossos pesos juntos era mais de 140 kg, por isso não poderíamos fazer o voo juntos, teríamos que fazer voos individuais. Imediatamente desisti de voar, achei que não daria conta, mas o companheiro que ia fazer o voo duplo comigo resolveu ir sozinho. Quando o vi ir com tanta tranquilidade e autoconfiança, me enchi de confiança e fui fazer o voo superando todos meus medos. Foi tranquilo e fantástico; agora tenho tanta autoconfiança no assunto, que já estou pensando em saltar de paraquedas e voar de asa delta, coisas que nunca haviam passado antes pela minha cabeça; aliás, que só o fato de pensar me dava frio na barriga.

A autoconfiança do outro estimula a minha confiança em mim mesma, e, portanto, chegamos à conclusão de que a autoconfiança de um líder provoca a autoconfiança nos demais. Mas se por um acaso a experiência do meu companheiro fosse ruim e ele passasse mal, eu que já estava apavorada não mudaria de ideia. O de quer dizer que essa possibilidade de influenciar a autoconfiança do outro é para o bem e para o mal, e por isso o líder deve ter muito claro isso e perceber o poder da sua autoconfiança na influência de sua equipe. Quando não a tem, como funciona? Já aconteceu de um líder ter que passar uma ordem superior à sua equipe na qual ele não confiava? O líder nem precisa dizer que não confia, pois a equipe também não vai confiar. É muito difícil de teatralizar a confiança, pois temos que estar convencidos para convencer o outro.

Se uma amiga faz uma cirurgia plástica que dá bom resultado, você se entusiasma, se sente preparada e confiante para fazer também. É por isso que há programas de cirurgia plástica na TV com muito sucesso, pois quando vejo bom resultado para o outro, eu acredito que também posso. E a mesma coisa funciona com os alcoólicos anônimos, com os jogadores anônimos, grupos de autoajuda, pois o testemunho de um fortalece a autoconfiança dos demais. E também acontece nas igrejas evangélicas em relação aos testemunhos.

A autoconfiança está intimamente ligada à autoestima: uma pessoa sem autoestima não pode ter autoconfiança, e vice-versa. E existe outro fator muito importante, a assertividade. Uma pessoa autoconfiante consequentemente é assertiva, e não dá para ser assertivo sem ter autoconfiança. Para a assertividade é básico, é vital, o autoconhecimento: quanto mais me conheço, mais assertivo posso ser. E assim também é com a autoconfiança: quanto mais me conheço, mais posso confiar em mim mesmo. As pessoas autoconfiantes tomam decisões rápidas, pois, quanto mais autoconfiante, mais pronto a tomar decisões. Penso que isso seja um diferencial para os profissionais de sucesso hoje em dia.

Quanto à aceitação de si mesmo e do acaso, como, por exemplo, uma mudança na economia, uma mudança radical na empresa, uma doença, uma perda importante na família, a pessoa com autoconfiança tem mais flexibilidade e encara a mudança com mais rapidez, trazendo a inovação ao processo. A resistência à mudança e ao enfrentamento da nova realidade, além de desgastante, é cara na maioria das vezes. As pessoas autoconfiantes têm menos medo do que vem de fora, porque têm a garantia do que pode vir de dentro, isto é, da autoconfiança. Garantia que depende delas, pois nada muda se eu não mudar.

Há também o que chamo de autoconfiança arrendada. Uma criança de 2 anos de idade, por exemplo, ainda não tem maturidade psicomotora para ter autoconfiança; nesse caso, ela vai se valendo da autoconfiança da mãe para poder desenvolver a sua, ou seja, se vale da autoconfiança do arrendador, que pode ser qualquer pessoa em quem a criança confie no momento. Quando está começando a andar, em uma de suas tentativas solo, sem expectador e sem estímulo externo, essa criança cai, ela se assusta um pouco; mas se ninguém a estiver observando, se levanta e continua, ou busca um apoio, ou fica no chão brincando. Se, ao levantar, seus olhos virem o seu tutor, o seu arrendador assustado, ela começa a chorar; mas, se vir que ele não está dando importância ao fato, fica tranquila e continua.

Esses arrendadores são as pessoas em quem depositamos nossa confiança até assumirmos nossa autoconfiança — por exemplo, um treinador, um professor, um *coach*. Às vezes, arrendamos nossa autoconfiança a uma boia de natação ou a mais duas rodinhas em uma bicicleta e vamos nos atrevendo, nos esforçando, treinando, tentando, experimentando, até que nos sintamos seguros e vemos que não necessitamos mais daquele artifício. Porém, ainda usando as rodinhas auxiliares da bicicleta, na medida em que alimentamos a nossa autoconfiança, vamos lentamente nos desfazendo daquele apoio, até que percebemos não precisar mais dele.

Todos nós sabemos, porém, que se leva uma vida para criar uma relação de confiança e que podemos perdê-la em frações de segundo. E nem sempre há uma segunda chance. No caso de um filho, muitas vezes uma mãe dá uma segunda chance a ele; no caso de uma igreja, sempre se tem uma segunda chance; no caso da autoconfiança, penso que sempre nos damos segundas, terceiras e quartas chances.

Estou fazendo um regime alimentar restritivo, coisa que achava que jamais faria, pois odeio restrições; assim, pensei que seria muito difícil um regime desse tipo para mim. Estou há dois meses numa autodisciplina que faz com que eu me sinta cada vez melhor comigo mesma.

Esse tipo de exercício aumenta a nossa autoconfiança. Fazendo uma analogia, os comportamentos da gestão por confiança (Gestão por confiança, ou GpC, é um modelo de gestão criado pelo professor José María Gasalla, versando sobre comportamentos que provocam confiança entre as pessoas[6]) com cada um de nós sucede o mesmo em relação à autoconfiança. Vejamos.

Autoconsciência, a consciência de si mesmo. Em minha dieta restritiva tenho que estar o tempo todo consciente, não posso entrar no automático, pois tenho de escolher bem meus alimentos e respeitar os horários. O filósofo russo Gurdjieff sugere um exercício interessante para se manter nesse estado de autoconsciência, que ele chama de estado de atenção. Sugere que você esteja usando uma coisa incômoda, como um cinto apertado, uma pedrinha no sapato. O princípio é que quando você está muito confortável, sua tendência é relaxar, perder a atenção sobre si mesmo; mas, se tiver algo lhe incomodando, você fica em estado de alerta o tempo todo. Se estiver muito à vontade, é comum acontecer de, após uma viagem de carro, você chegar ao local e dizer "Uau! Já cheguei!", mas não conseguir lembrar-se do que aconteceu no caminho, porque foi no automático e se conversar consigo mesmo vai saber que estava pensando em algo, com a atenção no pensamento, mas se nem se lembra do que pensou, mesmo sendo você que estava dirigindo. Esse pensamento provavelmente não era do presente, mas, sim, do passado, ou do futuro. Portanto, não estar no presente provoca ausência e falta de consciência. Ao fazer dieta restritiva, é preciso comer de três em três horas, e isso me coloca em um estado de atenção em relação ao que ingiro. Como resultado, acaba me deixando em um estado de atenção mais duradouro. Estar em um país que fale inglês, por exemplo, sendo você brasileiro, lhe proporciona mais autoconsciência. Dessa forma, você pode aproveitar os exemplos que experimenta e ver como poderia exercitar mais a autoconciência em sua vida.

Autoclareza. Tenho de ser verdadeira comigo e não me sabotar, pois no caso da minha dieta ela é qualitativa, e qualquer deslize de ingestão inadequada compromete o resultado. A falta de clareza do que se quer, do que se é, do que se gosta nos deixa em uma situação muito vulnerável de sermos manipulados, até mesmo de sermos manipuladores, porque os manipuladores geralmente são manipuláveis também. E a automanipulação, a meu ver, é uma das piores manipulações que existe, portanto, cuide-se. A autoclareza depende de uma conversação interior, de esclarecimentos internos. Entendo que existem pessoas que ficam mais no nível da reflexão e existem pessoas, como eu, que necessitam falar, são mais orais; de verdade não querem a contestação do outro, querem apenas um espelho para se escutarem melhor e aclarar a ideia. Há uma forma muito interessante de trabalhar a autoclareza: fazendo um diário. Para mim, o ato de fazermos uma revisão diária dos nossos comportamentos, das nossas atitudes e decisões, dos nossos medos e ousadias, nos ajuda a desenvolver todos esses autocomportamentos, ajuda a desenvolver a autoconfiança. Quanto mais tivermos consciência de nossos acertos, de nosso aprendizado contínuo, mais autoconfiança teremos.

Autocoerência. Uma dieta restritiva acaba por mudar uma série de hábitos, e para manter isso é preciso estar muito atento e coerente aos seus valores, à relevância do processo e ao seu sentido de vida. Para mim, a falta de autocoerência é uma das maiores causa de falta de autoconfiança. Por exemplo, quando tenho uma atitude de falta de autorregulação e falta de autocontrole diante de algum acontecimento totalmente administrável, vejo que não atingi o ponto da autocoerência e sinto uma grande dor, porque a maior dor que se pode sentir é perder a confiança em si mesmo. Uma pessoa coerente:

- Presta atenção ao que diz sobre si mesma e sobre os outros.
- Não fala de si mesma e dos outros aquilo que não sabe.
- Não deixa que a conveniência paute sua opinião sobre si mesmo e sobre os demais.

- Se prega um modelo de conduta, não deixa de segui-lo.
- Não deixa que seu discurso seja mais maravilhoso que suas ações.

Autoconsistência. Posso ser flexível e consistente, mas também posso ser rígida e consistente. E a base da boa consistência é praticar a arte de manter meus valores e dançar conforme a música. Creio que o grau de consistência apresente mudanças durante a vida: você até pode não mudar seus valores, mas, quando somos adolescentes, somos muito mais rígidos, selecionando para fazer parte da turma só quem fuma, quem bebe; ou seja, não conseguimos flexibilizar e respeitar o outro como e não nos sentimos ameaçados quando encontramos gente que não comunga dos nossos valores. Temos que ter cuidado com a conveniência e com o ego. Quanto mais consciente e comprometida sou com meu sentido de vida, mais me manterei autoconsistente. Uma pessoa consistente:

- Mantém comportamentos alinhados com seus próprios valores.
- Não é conservadora, mas não se deixa levar por modismos.
- Tem discernimento. Determina o que é importante e o que é supérfluo.
- É coerente no decorrer do tempo. A coerência não pode ser episódica.
- Tem clara a sua missão de vida.

Autocomprometimento. Esse comprometimento vem da tomada de consciência. O autocomprometimento está intimamente conectado ao sentido de vida da pessoa, e, quanto mais relevância tiver esse sentido de vida, mais comprometimento terá. Para uma pessoa ser autocomprometida e ter isso como um diferencial em sua vida, ela tem de ter um sentido de vida muito claro e relevante, seus objetivos e metas têm de estar muito claros e conscientes, porque só assim esse comportamento será como respirar, será vital. Percebemos que as pessoas autocomprometidas refletem esse comprometimento em todas as suas ações, pois o comprometimento é sua vida. Uma pessoa comprometida:

- Ajuda seus colaboradores em suas atividades.
- Envolve-se nas decisões tomadas em grupo e percebe sua responsabilidade individual.
- É plenamente responsável por quaisquer de seus atos e de suas consequências em relação às outras pessoas.
- Corre riscos calculados.
- Oferece-se sem pedir nada em troca.

Autocumprimento. Estou cumprindo o programa da dieta, me alimento a cada três horas e sigo as normas adequadamente. Para mim, que tenho um estilo de promotora, o autocumprimento fortalece muito a minha autoconfiança. Mas consigo renegociar comigo mesma um novo prazo. Se perceber que me precipitei, que não avaliei muito bem a proposta e agora, no meio do processo, tendo mais conhecimento, vejo que tenho que mudar alguma coisa em relação ao cumprimento, eu mudo sem culpa. Hoje não vou até o fim em um curso se no meio dele vejo que não tem mais sentido ou que nunca teve sentido e eu só me dei conta agora. Não me sinto culpada se depende só de mim. Porém, quando tem outras pessoas envolvidas nessa decisão, e o outro não abre mão por rigidez, ou seja lá por que for, muitas vezes acabo cumprindo porque o erro foi meu, a precipitação foi minha e pago o preço. Pagar o preço dos seus equívocos ou dos seus sucessos também tem a ver com cumprimento. Uma pessoa que sabe cumprir:

- Jamais promete para agradar ou iludir.
- Não promete o que sabe que não poderá cumprir.
- Nunca usa a promessa como propaganda.
- Assume seus erros e faz correções imediatas.
- Socorre o outro se sua decisão o prejudicar.

Coragem. Coragem de assumir ser você mesmo, coragem de assumir todos esses comportamentos. E essa coragem é cada vez maior e mais poderosa quando você tem uma causa, quando tem um sentido de vida que é a essência, o miolo, o centro da autoconfiança, base da confiança que gera consciência, clareza, comprometimento, cumprimento, coerência e consistência. É preciso coragem para manter-se em dieta, pois todo o entorno cotidiano nos provoca a abrir mão, a fazer o mais fácil, aceitar os convites e as tentações de festas etc. Uma pessoa de coragem:

- Escuta o coração antes da razão.
- Atreve-se a se comportar de forma diferente.
- Defende até o fim seus valores e princípios.
- Luta por suas convicções, mesmo em situações que estejam fora de sua zona de conforto.
- É capaz de aceitar críticas.

A autoconfiança começa em nossa vida em determinado ponto, quando percebemos que somos capazes de cumprir o que prometemos a nós mesmos e que somos capazes também de satisfazer pedidos dos outros. Mais ainda quando percebemos que somos capazes de sonhar e realizar pequenas coisas, não necessariamente grandes coisas, e a partir daí vão acontecendo outras realizações durante a vida, que vão aumentando e reforçando nossa autoconfiança cada vez mais. Eu adoro quando me dizem: "Confio que você vai fazer o melhor, vai fazer o impossível", pois como dizia Maturana, ninguém erra antes de errar, ninguém sai de casa e diz: "Hoje estou saindo para errar." Por isso, quando confio em alguém da minha equipe, confio que vai fazer o melhor, vai fazer o que eu faria se estivesse em seu lugar naquele momento. Isso não significa que tudo tem que dar certo, de acordo as expectativas, para eu continuar confiando; não é assim que se perde a confiança. E o mesmo acontece com a autoconfiança.

Esta é uma questão interessante, meu poderoso leitor. Quando foi que você se sentiu autoconfiante pela primeira vez, que disse para si mesmo: "Eu posso; eu sou; eu realizo"?

Certa ocasião, Maturana contou como foi sua primeira vez, quando ele se deu conta da sua autoconfiança. Tinha mais ou menos 7 anos de idade quando viu na rua um menino pobre e pensou: "Esse menino não deve ter casa, cama quentinha e limpinha para dormir, comida, mãe, carinho, a certeza de uma escola paga, de cuidados quando se adoecer, certeza de um futuro feliz, de sonhar etc., e eu tenho tudo isso." E ele se sentiu autoconfiante da vida. É como se já tivesse vindo à vida com um capital.

Se você é um empreendedor e abre seu próprio negócio com um capital, se sente muito mais seguro e tranquilo do que abrir sem capital algum.

Estávamos certa vez em San Francisco, Califórnia, quando um sem-teto começou a conversar conosco no ponto do ônibus. Ele conversava muito bem, parecia ser uma pessoa culta e viajada, demonstrou muito conhecimento em pouco tempo de conversa. Quando ele se foi, minha filha de 28 anos falou com muita convicção: "Eu nunca vou ser um sem-teto." E falou com tanta certeza que eu lhe perguntei: "E como sabe?" Ao que ela respondeu: "Porque tenho muitas possibilidades e posso negociar muitas coisas; tenho muitas habilidades e conhecimentos, tenho uma infinidade de possibilidades de garantir minha sobrevivência e até mais."

E isso é verdade. Embora faça pós-graduação em neurociência e receba bolsa de estudos, Priscila, como já fez *sites* tempos atrás, também passou a oferecer esse serviço para aumentar sua renda. Quando terminou de fazer o *site*, um empresário a convidou para continuar trabalhando para ele, atendendo aos pedidos pela internet, e por tudo que fosse vendido ela ganharia comissão. Ela sentiu que tem um capital e um grande capital que fez ao longo de sua vida, e, como continua aumentando seu capital, se sente com muita autoconfiança.

Uma coisa é você ter um capital de nascença, outra é ganhar um capital ou fazer um capital com seu próprio esforço. Por isso há muitas histórias de pessoas fantásticas de sucesso que vieram do nada, e que conquistaram um império por meio do próprio esforço, do seu trabalho, da sua autoconfiança e de tudo o mais que é necessário para uma pessoa chegar lá.

O menino pobre que Maturana viu na rua um dia ajudou uma senhora a carregar suas compras para casa. O dono do mercado viu e lhe ofereceu essa função como trabalho, e aquele menino começou a chegar em casa com dinheiro, muitas vezes também com verduras, frutas e comidas que sobravam no mercado. Isso foi fazendo com que ele percebesse que podia fazer, realizar, sonhar, aprender, e a partir daí começou sua historia de autoconfiança. Agora imagine você aonde esse menino pode chegar.

A forma com que mais fortalece a autoconfiança é você continuar fazendo o que acredita que é seu. Por exemplo, todos nós temos debilidades e talentos; bem, mas se alguém, em vez de investir no seu talento, ficar investindo na sua debilidade e essa debilidade for daquelas que o faz nunca chegar lá, ou, se chegar, chegar com tanto esforço, sacrifício e sofrimento, que nunca se sente autoconfiante, talvez não valha a pena, porque esse tipo de esforço só vai provocar cada vez mais a baixa da sua autoconfiança e autoestima.

Pedro e Ricardo eram amigos desde crianças. Pedro se formou engenheiro e Ricardo se tornou médico. Ambos já estão casados, com mais de 50 anos de idade, quando num sábado pela manhã Pedro liga aflito para Ricardo e lhe pergunta: "Ricardo, você está de plantão hoje? Quero que você examine a Maria, porque ela está totalmente surda, e uma mulher surda ninguém merece..." "Pedro", responde o amigo, "ninguém fica surdo de uma hora para outra. Eu vi vocês na semana passada e ela estava muito bem. Como vamos nos encontrar na próxima semana, aproveito para examiná-la. Fique tranquilo, homem!" Aflito, Pedro continuou: "Não, não vai dar para esperar." "Está bem. Então vamos fazer um teste nessa surdez. Você está na sua casa?" "Sim." "E a Maria?" "Também; está na cozinha." "E você, em que cômodo está?" "No quarto." "Certo, conheço bem sua casa. Vamos fazer um teste: chame a Maria daí de onde você está e vamos ver o que acontece." E assim fez Pedro. Gritou: "Maria, Maria... Está vendo, Ricardo, ela não responde nada, não dá sinal de vida". Diz Ricardo: "Vá até o corredor e chame-a." E assim ele fez: "Maria, Maria...", e nada. "Vá até a porta da cozinha e chame-a." E assim ele fez: "Maria, Maria...", e nada. "Chegue perto dela e chame-a." E assim ele fez; encostado na Maria gritou seu nome. Ela então virou-se e disse: "Não é possível, homem; todas as vezes que me chamou lhe respondi. Você deve estar surdo, precisamos levar você a um médico..."

Quem de fato está surdo?

Temos uma tendência de projetar nos outros as nossas fraquezas e as nossas forças, por isso é importante ter bem claro quais são seus talentos e suas habilidades, e quais são suas fraquezas e debilidades, estando sempre muito consciente para não confundir o que é seu com o que é do outro e fazer projeções. O que me incomoda muito no outro geralmente não é do outro, mas, sim, minhas projeções, porque quando a questão é do outro, nossa atitude é de distanciamento, discernimento, mais autocontrole para contornar, revelar, relevar ou orientar.

Espaços de confiança, então, são ambientes que favorecem a descoberta de talentos ainda não assumidos. Apenas em espaços de confiança posso me abrir, me arriscar e não me sentir julgada nem ridicularizada, mas com possibilidade de crescer, me descobrir, desenvolver e aprender. É nesse ambiente que você pode mostrar suas debilidades, porque todos se apresentam como são, com suas fortalezas e debilidades, assumindo e potencializando suas fortalezas, e por elas fortalecendo o grupo e deixando cada vez mais irrelevante suas debilidades.

Ufa! O assunto foi longo, mas bem proveitoso. Que tal encarar o desafio de confiar mais? Comece a fortalecer vínculos de confiança aos poucos, com pequenas coisas, com pessoas mais próximas. Abra-se cada vez mais para compartilhar o que sabe e colaborar com os outros. Tenha certeza de que muitas pessoas retribuirão essa atitude e passarão a confiar mais em você, compartilhar o que sabem e colaborar com você. E você será muito enriquecido com isso — além, é claro, de se sentir muito mais confiante. Mergulhe nesse exercício!

Rever conceitos para crescer

Um homem vivia à beira de uma estrada e vendia cachorro-quente. Ele não tinha rádio, nem televisão, tampouco acesso à internet ou a jornais, mas produzia e vendia bons cachorros-quentes. Ele se preocupava com a divulgação do seu negócio e colocava cartazes pela estrada, oferecia seu produto em voz alta e as pessoas compravam. As vendas foram aumentando e, estimulado a melhorar seu produto, ele sempre comprava o melhor pão e a melhor salsicha. Foi necessário também adquirir um fogão maior para atender a grande quantidade de fregueses. O negócio prosperava e a vida ia melhorando. Chegou até comprar rádio e televisão, mas, como se dedicava de corpo e alma ao negócio, não sobrava tempo para aquelas modernidades. E olha que o cachorro-quente dele era o melhor de toda a região! Vencedor, ele conseguiu pagar uma boa escola para o filho. O menino cresceu e foi estudar economia em uma das melhores faculdades do país. Finalmente, já formado, voltou para casa. Foi quando notou que o pai continuava com a vidinha de sempre e teve uma séria conversa com ele. "Pai, então, você não ouve rádio? Você não vê televisão e não lê jornais? Há uma grande crise no mundo. A situação do nosso país é crítica. Está tudo ruim. O Brasil vai quebrar." Depois de ouvir as considerações do filho doutor, o pai pensou: "Bem, se meu filho que estudou economia, que lê jornais, vê televisão, acha isso, então só pode estar com a razão." Com medo da crise, o pai procurou um fornecedor de pão mais barato (e, é claro, pior) e começou a comprar salsichas mais baratas (que eram, também, piores). Para economizar, parou de colocar cartazes de propaganda na estrada. Abatido pela notícia da crise, já não oferecia seu produto em voz alta. Tomadas essas "providências", as vendas começaram a cair e foram caindo, caindo e chegaram a níveis insuportáveis. O negócio de cachorro-quente do velho, que antes gerava recursos até para fazer o filho estudar economia na melhor escola, quebrou. O pai, triste, falou para o filho: "Você estava certo, meu filho, nós estamos no meio de uma grande crise." E comentou com os amigos, orgulhoso: "Bendita a hora em que eu fiz meu filho estudar economia, ele me avisou da crise"...

É uma história interessante, que ilustra como é importante mudar, mas que também mostra como é importante manter, no caso, o padrão, a dedicação, o empenho. Não devemos simplesmente mudar por mudar, mas precisamos saber o que mudar e o que manter. Quando digo isso, quero dizer que não devemos ficar à mercê dos novidadeiros, dos inexperientes, das pessoas que veem as coisas só por um aspecto e não analisam o todo, pois aqueles que só enxergam por um prisma e não analisam o todo podem se dar muito mal. Além disso, também vejo um tanto de manipulação e de necessidade de mostrar poder por parte do filho, pois esse filho não percebeu o pai como um legítimo outro, dentro de uma realidade tal, em condições tais etc.

Análises à parte, essa história me veio à mente porque parecia ser mais ou menos isso que estava acontecendo com o mercado consumidor de modo geral do Vale do Paraíba, região rica e próspera, que liga os estados de São Paulo e Rio de Janeiro. Fui fazer uma palestra em Taubaté e me defrontei com uma situação superinusitada.

A região tem um jornal chamado *O valeparaibano*, que, cobrindo mais de quarenta cidades, é praticamente um porta-voz também das notícias locais. A situação era a seguinte: o jornal vinha noticiando que, por exemplo, estavam acontecendo demissões de mais de quatro mil funcionários da Embraer em São José dos Campos, que a indústria automobilística estava em recessão e as fábricas da Volkswagen em Taubaté e da General Motors em São José dos Campos também previam demissões e recessão pela frente, e ao que tudo apontava, o segmento imobiliário também estava em crise. Bem, quando um possível comprador de imóvel chegava a fazer uma oferta, ele já aproveitava a informação do jornal e dava um preço lá embaixo.

Os empresários do setor, preocupados com o que vinha acontecendo, foram conversar com a direção do jornal, relatando a situação e dizendo que toda a região sofria com as más notícias. Só dizer que a situação estava ruim deixava a situação cada vez pior. E é verdade, não acha?

Bom, mas a função de um jornal é esclarecer e informar a população. Se estiver havendo uma crise, a obrigação do jornal é dar notícias da crise ao leitor. Ou seja, tudo caminhava para um impasse...

Então, o departamento de marketing apresentou uma proposta a outras entidades ligadas à construção civil da região para fazerem uma campanha em conjunto com a intenção de valorizar o investimento no segmento imobiliário, salientando que esse tipo de negócio é bastante seguro em períodos de instabilidade econômica, que se valoriza ao longo do tempo e que ainda pode se tornar uma fonte de renda, já que o proprietário tem a opção de locar seu bem. O *slogan* da campanha foi "Imóvel: um bem que você sempre tem". E não é que funcionou? Quer dizer, a campanha em si não fez com que as coisas melhorassem, mas deu outro enfoque para um momento que seria de estagnação.

Não acho comum um jornal se dispor a fazer isso. E, no caso que cito, muito menos ir além. Pois bem, o segundo passo foi o lançamento de outra campanha para capacitação dos empresários e das pessoas em geral, para lidar com a crise de forma positiva, chamada por eles de "Rever conceitos para crescer", veiculada em conjunto com a rádio e tevê Bandeirantes, outro forte canal de comunicação no Vale do Paraíba. Nessa iniciativa, o jornal convidou palestrantes motivacionais, dentre eles, me incluo, para escrever colunas semanais por dois meses. Além disso, promoveu encontros e palestras, oferecendo à região uma oportunidade de ouvir o que outras pessoas têm a dizer em um momento delicado como o que estamos vivendo.

Fiquei sensibilizada com a movimentação positiva que esse jornal causou em torno do assunto "crise", em geral um tema tão árido, sem falar no talento criativo, solidário, consciente e responsável, mostrando ao consumidor a possibilidade de um olhar diferente diante da crise.

Em São José dos Campos, a demissão de colaboradores é fato, e acaba se refletindo em vários segmentos numa cidade que já está bem ressentida. Se mais de quatro mil pessoas foram demitidas de empregos diretos, quantas vão ter de reavaliar seu negócio, sem falar nas famílias, que giram em torno de outras três pessoas. Naquela cidade, a crise não está só na cabeça das pessoas, pois está acontecendo alguma coisa mesmo. Mas veja, poderoso leitor, como uma mudança de atitude foi importante. A crise que se passa sozinho é uma oportunidade, mas a crise que se passa em conjunto é a possibilidade de se criar uma nova realidade, e é isso que tem de acontecer no planeta hoje.

No caso do Valeparaibano, o que me encantou foi a visão do jornal em relação à consciência do seu papel como meio de comunicação e informação, à consciência do leitor da comunidade, à consciência de como a informação pode gerar pânico, desaceleração da economia, dúvidas, medos, e como se pode cumprir a função jornalística com responsabilidade social, visando ao desenvolvimento da comunidade, à educação, ao equilíbrio do sistema, mas sem manipulação. Eu chamo isso de jornalismo responsável.

Há empresas e empresários que só visam ao lucro e não têm a visão do todo, não têm consciência, mas conveniência. Outro dia, um empresário do agronegócio, conversando sobre o que pode acontecer no futuro em relação à velocidade e ao chamado desenvolvimento biotecnológico e que consequências poderiam ocorrer no sistema, na manutenção do equilíbrio e do próprio sistema, me disse: "É claro que sabemos que vamos ter consequências, mas eu não vou estar mais aqui para ver e, sim, meus filhos." "Uau, gente", pensei com meus botões; mas eu não havia entendido. Ele continuou, dizendo: "Eu estou ganhando, estou tendo sucesso, efetividade. No meu tempo, eu fui um empresário visionário; depois, quem estiver por aí que veja o que tem que fazer, o problema vai ser deles...".

Será que ele entende de fato o que significa a palavra "visionário", que qualifica aquele ser que não se atém a observar a realidade cotidiana, e cujos olhos insistem em divisar o futuro?

E ainda conversamos sobre a gripe A (H1N1) e falei dos porcos no México, que foram tratados como a vaca louca da Inglaterra, com pó de peixe e antibióticos; enfim, com condições tão artificiais e despropositadas a essa espécie animal que a natureza, em sua defesa, desenvolve um vírus que começa a atingir os humanos. Esse empresário, então, me disse: "É, aqui no nosso estado não temos esse problema, porque o calor nesta região é tanto que os vírus não se desenvolvem. Nós estamos livres disso." Eu lhe disse para que não duvidasse da força da natureza, pois o homem tanto atenta que vamos acabar por dar condições de a natureza fortalecer um supervírus que resista a esse calor. E para minha surpresa, ele respondeu: "Vamos mudar de assunto...".

A pessoa vive a vida no piloto automático, não se faz perguntas, apenas vai respondendo às perguntas que lhe aparecerem pela frente, sem consciência, no piloto automático da ganância, do poder, do medo de perder...

A direção daquele jornal do Vale do Paraíba poderia dizer: "Pois nós temos que dar a notícia, doa a quem doer." Mas e se a notícia gerar pânico, se a notícia prejudicar inocentes, tumultuar o sistema gerando acidentes; enfim, gerando uma série de consequências prejudiciais e críticas à comunidade?

Penso que não seja fácil. Vivemos em um mundo altamente paradoxal, ambíguo e complexo, e temos que estar conscientes disso, fazendo as coisas com consciência e sem manipulação. Entendo que, como diz o biólogo Humberto Maturana, que já citamos, ninguém erra antes de errar, o ser humano não acorda pela manhã e fala: "Hoje eu acordei para errar." Definitivamente não.

Na edição do dia 26 de abril de 2009, *O valeparaibano* dizia: "Liderança acha que o pior já passou. Otimistas, mas cautelosos. É assim que empresários e lideranças políticas se posicionam com relação ao enfraquecimento dos efeitos da crise mundial na economia regional. Para eles, o pior já passou e a retomada do crescimento aumentará no segundo semestre. Por outro lado, acreditam que se deve manter a cautela nos negócios, sem exageros, até que o mercado favoreça a recuperação da produção industrial aos níveis anteriores a setembro do ano passado, quando eclodiu a crise financeira".[7]

O jornal continua falando dos fatos, mas não cria pânico nem paralisação, o que traz um diferencial competitivo à prova de crise. Pude mostrar àquelas pessoas que toda crise tem um lado positivo, porque nos faz parar, pensar e reavaliar nossa postura, usando a criatividade e o talento que temos para atravessar esses momentos em direção ao futuro.

Agora, vamos ao nosso teste. Que valores são importantes para você, que você carrega o tempo todo e que aplica em todos os aspectos da sua vida?

a. Sempre procuro ser honesto com as pessoas, sobretudo comigo mesmo; aliás, eu não conseguiria ser honesto com os outros se não fosse honesto comigo.
b. A ética é fundamental, pois sem um conjunto de regras e princípios não seria possível a vida em sociedade.
c. Em primeiro lugar, o respeito. É respeitando o outro e a mim mesmo que me conduzo pela vida. Ofereço respeito, mas também exijo respeito.
d. Prezo a tolerância, e se mais gente pensasse como eu, tenho certeza de que não haveria tanto conflito no mundo.
e. Nenhuma das opções anteriores.

Confira sua resposta a seguir...

Como se tornar um milionário com poucos valores

Em outro livro, eu disse que o que é importante cabe numa mochila. Esse é o aprendizado de todos os meus amigos que já fizeram o caminho de Santiago de Compostela, uma rota de peregrinação que percorre a Península Ibérica até a cidade de Santiago de Compostela, no extremo oeste da Espanha, onde se acredita estar o túmulo do apóstolo homônimo. Começam com uma mochila cheia e vão ficando apenas com o essencial, pois eles dizem que durante o caminho a mochila vai pesando cada vez mais com as mesmas coisas e daí tem que ir se eliminando coisas. É interessante notar como as pessoas conseguem ir selecionando, priorizando e minimizando suas necessidades.

Quando houve aquela catástrofe do furacão Katrina em New Orleans, nos Estados Unidos, eu estava vendo as notícias na televisão e numa reportagem de um telejornal o repórter mostrava as pessoas sendo resgatadas em suas casas por um barco, porque estava tudo inundado, e sendo levadas a um abrigo. Aquelas pessoas não sabiam se um dia voltariam para lá nem o que aconteceria depois disso, mas naquele momento ali não podiam ficar, tinham que abandonar tudo, pois ali não tinha mais luz elétrica ou água potável; elas estavam ilhadas em suas casas sob risco de pestes, contaminações; enfim, uma calamidade. Naquele desespero de vida ou morte tinham que subir em um barco e abandonar tudo. O que levar em meio a tal catástrofe? Isso me chamou muito a atenção, porque me pus no lugar daquelas pessoas. Vi uma senhora sendo entrevistada pelo repórter que respondeu que a única coisa que ela levou consigo foi sua escova de dente. Diante de uma situação real de catástrofe — em um terremoto, em um incêndio, por exemplo — o que as pessoas levam consigo? Percebi que levam apenas o que carregam dentro de si, seu aprendizado, sua bagagem cultural, seus valores, mesmo porque nem há tempo nem condições psicológicas de pensar em muito mais: não há condições de pensar em algo mais importante do que a própria vida, a própria pessoa, não é verdade? Numa hora dessas, você vai pensar em pegar uma muda de roupa, sua caixa de joias, o cartão do banco, seus documentos, seus livros? Que nada! É claro que estou exagerando na dramaticidade da situação, mas proponho que você pense no que de importante você carrega o tempo todo.

A questão dos valores na sociedade contemporânea é tão importante que chegou a ser debatida por uma organização não governamental com *status* consultivo geral no conselho econômico e social das Nações Unidas, a Universidade Espiritual Mundial Brahma Kumaris, ou Organização Brahma Kumaris, que em 1994 lançou o projeto internacional denominado "*Compartilhando nossos Valores por um Mundo Melhor*". Essa organização apontou doze valores superiores e fundamentais para o bem-estar da humanidade: amor, cooperação, felicidade, honestidade, humildade, liberdade, paz, respeito, responsabilidade, simplicidade, tolerância e unidade.

Para você, quais são os valores que carregaria na sua mochila? Quais são os valores que lhe norteiam a vida? Porque nesses momentos é o que faz a diferença. Diz Goethe, o filósofo alemão, que o talento se aprende na calma e o caráter na crise. E é na hora de aprender o caráter que os valores fazem a diferença. Então, quero que você reflita sobre seus valores: quais são os valores que norteiam a sua vida, não necessariamente tem que ser doze, ou esses doze expostos acima. Para mim, que sou sagitariana e exagerada, na minha mochila levo dois valores essenciais: *justiça* e *liberdade*. E os carrego além dos conceitos sobre os quais tradicionalmente refletimos em relação de cada um desses valores, porque para mim não pode haver justiça se eu não for justa comigo mesma. A justiça começa dentro de mim. Sendo justa comigo mesma, poderei ser justa com o outro, e assim criar um mundo mais justo. Mas se não conseguimos pôr em prática uma postura justa, podemos mesmo reclamar que o mundo não é justo?

Por liberdade quero dizer ser livre de paradigmas, ficar livre dos modelos viciados, das ficções sociais, das falsas personalidades que criamos para nós mesmos. Precisamos ser felizes no real, no que é de fato.

Esta é a hora de fazermos muito com pouco. Temos que fazer muito com pouco tempo, fazer muito com poucos recursos, fazer muito com pouco dinheiro, fazer muito com poucas pessoas, tomar banho com pouca água. No mundo de hoje, o negócio é esse.

Lembro-me até hoje das épocas duras lá em casa. Costumávamos, de criança, passar as férias na praia. Mas nem sempre dava para ser assim, fosse pelo trabalho que meu pai não podia largar, fosse pela escassez de dinheiro, como imagino que fosse o motivo real, às vezes as férias na praia tinham de ser preteridas. Nessas ocasiões, minha mãe, criativa como era, inventava de fazer um acampamento no quintal. Se chovesse, o acampamento era montado na sala de casa. Que coisa incrível: montar barraquinhas no quintal ou na sala, com tudo improvisado, era até mais gostoso do que as férias de trinta dias na praia.

Se a situação está azeda, faça a sua limonada! O que não dá é para ficar pessimista. Uma das inteligências que mais admiro e que procuro desenvolver, aprender e praticar continuamente na minha vida é a de rir de minhas próprias desgraças. Não há lugar para o pessimismo diante deste mundo que se desdobra para nós. Pessimistas são aquelas pessoas que não sabem transformar as crises em oportunidades de crescimento e aprendizagem. Quem disse que rir ainda é o melhor remédio estava certíssimo. Rir fez bem para o corpo, para a pele, para a mente, diminui o estresse, estimula o sistema imunológico e até queima calorias. Quando você ri, seu corpo libera endorfinas, substâncias orgânicas que produzem a sensação física de bem-estar e prazer. E nesse estado você tem mais condições de perceber a saída das situações desconcertantes, difíceis, inusitadas e inevitáveis. O bom humor é fundamental! E eu certamente o colocaria na minha mochila, além, é claro, da ética, da gratidão e da consciência.

Já que falamos em consciência, vamos aprofundar um pouquinho esse assunto. Existem quatro estados de consciência. Quando estamos dormindo, existe uma consciência, existe uma vida quando dormimos, uma consciência às vezes confusa, mas é um estado de consciência. Temos a consciência do desperto, da pessoa que simplesmente está em estado de vigília, que está acordada e que vê, enxerga, que sabe onde está, mas nada mais. Temos um terceiro estado, que seria a consciência em estado de atenção, em que nos percebemos, que percebemos o outro e percebemos o entorno. O quarto estado é quando temos a consciência universal: é o caso das pessoas que chamamos de metalíderes, como Gandhi, Madre Teresa de Calcutá e Jesus Cristo, por exemplo.

Para mim, hoje, a consciência ocupa tanto espaço no meu autodesenvolvimento que eu não posso ficar pondo muito mais coisas na minha mochila, pois não iria caber. A consciência é um estado de ligação entre o consciente e o inconsciente. E acredito que o que um líder consciente deve fazer é cada vez mais ampliar sua consciência e trazer à tona esse *iceberg* maravilhoso que é o inconsciente. Para conseguir isso, só há um caminho: autoconhecimento, conhecimento, aprender, aprender, aprender e aprender. Nós não somos apenas o nosso consciente; nós também somos o nosso inconsciente, e quanto mais acesso temos a ele mais nos apropriamos da autorregulação, da autoconfiança, da autoestima, temos mais intuição e percepção do outro como um legítimo outro.

É esclarecedora a metáfora do cavalo, da carruagem e do cocheiro do filósofo russo Gurdjieff, de quem já falei antes. Vejamos um resumo da história citada por Jorge Bucay:

> Em um dia de outubro, uma voz familiar me diz ao telefone: "Vá até a rua, pois há um presente para você". Entusiasmado, saio na calçada e me encontro com o presente. É uma linda carruagem estacionada bem em frente à porta da minha casa. Sento-me dentro dela e percebo que tudo

foi projetado exclusivamente para mim. Então, olho pela janela e aprecio a paisagem. Mas logo começo a me aborrecer, pois a paisagem não muda. Pergunto-me: "Por quanto tempo alguém pode ver as mesmas coisas?" E começo a me convencer de que o presente que me deram não serve para nada. Nisso, passa um vizinho que me diz: "Você não percebe que falta algo a essa carruagem? Estão faltando os cavalos!" Vou até a estrebaria e atrelo os cavalos. Subo novamente na carruagem e grito: "Eia!" A paisagem se mostra maravilhosa, mudando permanentemente, e isso me surpreende. Porém, começo a sentir certa vibração na carruagem e a ver o começo de uma rachadura nas laterais. São os cavalos me conduzindo por caminhos terríveis e lugares perigosos. Dou-me conta de que não tenho controle nenhum de nada; os cavalos me arrastam para onde querem. Nisso, passa um vizinho em seu automóvel e grita para mim: "Falta o cocheiro!" Com sua ajuda, consigo fazer os cavalos pararem e contrato um cocheiro. É um homem formal e circunspecto, com cara de pouco humor e muito conhecimento. Parece que agora estou preparado para desfrutar verdadeiramente do presente que me deram. Subo, me acomodo, assinto com a cabeça e lhe indico aonde quero ir. Ele conduz, controla situação, decide a velocidade adequada e escolhe a melhor rota. E eu... eu desfruto da viagem.

E Bucay prossegue, fazendo a seguinte análise:

> Esta pequena alegoria deveria servir para entendermos o conceito holístico do ser. Nascemos, saímos de nossa "casa" e nos encontramos com um presente: nosso corpo. Uma carruagem projetada especialmente para cada um de nós. [...] Depois de nascer, nosso corpo registrou um desejo, uma necessidade, uma exigência instintiva, e se moveu. Essa carruagem — o corpo — não serviria para nada se não tivesse cavalos; eles são os desejos, as necessidades, os impulsos e os afetos. Tudo transcorre bem durante um tempo, mas em algum momento começamos a nos dar conta de que esses desejos nos levam por caminhos um tanto arriscados e às vezes perigosos, e então temos necessidade de contê-los. É quando aparece a figura do cocheiro: nossa cabeça, nosso intelecto, nossa capacidade de pensar racionalmente. Precisamos saber que cada um de nós é pelo menos os três personagens que intervêm ali. Você é a carruagem, os cavalos e o cocheiro durante todo o caminho, que é a sua própria vida. A harmonia deverá construí-la com todas essas partes, cuidando para não deixar de ocupar-se de nenhum desses três protagonistas.[8]

Precisamos ser *Homo sapiens sapiens*, e não tão somente um *Homo sapiens*; precisamos ter a consciência da consciência.

Agora, voltemos à mochila. O que você colocaria na sua mochila, sabendo que tem que ser o essencial, por que costumamos sempre pôr muito mais do que temos capacidade de carregar e realmente vamos usar. Mas também é muito importante saber o que não levar na sua mochila, por pesar demais, por só atrasar a sua viagem, pois pesa demais e não faz o menor sentido. Não levar a "presença do nada", aquilo que pode parecer muito lindo, mas completamente sem sentido.

Vamos fazer um exercício. Estenda suas duas mãos à frente do seu corpo, separadas, cada mão seguindo a direção do ombro de onde nasce. Agora, em uma das mãos você coloca uma caneta e na outra nada. Tome consciência dessa caneta, perceba a diferença entre a mão que segura a caneta e a mão que não segura nada. Agora, tire a caneta, coloque as mãos na mesma posição e perceba a diferença de uma mão em relação à outra. Veja se você sente ainda a presença da caneta na mão que a segurou. Pois bem, isso é a "presença do nada": levarmos na mochila o peso do que não está mais e que nos limita a novas experiências. Levamos na mochila o que já esteve e não está mais, e isso vai pesando muito.

Às vezes, na nossa vida, carregamos a presença do nada e contaminamos qualquer outro objeto que vamos colocar ali, confundindo com a caneta que já não está lá. Temos de atualizar a sensação, o momento. Por exemplo, nos sentimos sempre ameaçados pelo desemprego porque uma vez passamos por essa situação de estar desempregado.

Sentimos que vamos ser traídos nesse novo relacionamento porque uma vez fomos traídos. A isso podemos chamar de "síndrome pós-traumática", e hoje há muitos tratamentos, mas o mais importante é em primeiro lugar termos consciência da presença do nada, temos de atualizar o registro, o que aconteceu não está acontecendo agora. Temos de aproveitar a experiência do que aconteceu, tomar consciência de como enfrentamos, de como poderíamos fazer diferente, de como faríamos hoje e como podemos nos prevenir para que não aconteça novamente. Se uma criança está fazendo um castelo de areia à beira-mar e vem uma onda e derruba o castelo, ela começa a chorar porque não se dá conta de que pode construir outro castelo.

Porém, pior que a síndrome pós-traumática é a síndrome pré-traumática, quando temos medo de traumas por uma coisa que nunca nos aconteceu. A isso eu chamaria de "profetização", pois essa síndrome pré-traumática acaba por criar o trauma. Você acha que vai ser traída porque sua mãe foi traída; os homens não prestam, e então as mulheres já entram em qualquer relação com essa "presença do nada", sentindo isso sem que isso tenha acontecido com elas.

Síndrome é um conjunto de sinais e sintomas observáveis em vários processos patológicos diferentes e sem causa específica. Portanto, é tudo que não sabemos muito bem como definir e acabamos por chamar de síndrome. E eu quero criar a síndrome do sucesso, a síndrome pós-sucesso e a síndrome pré-sucesso, que combateriam as síndromes traumáticas. Veja que tudo pode ser bom ou ruim, dependendo do uso que fazemos, da intensidade e do significado que damos à experiência e ao aprendizado. Por exemplo, um sucesso. A partir do momento em que você é bem-sucedido em algo, pode achar que sempre terá de ser bem-sucedido e se frustrar quando não alcançar o sucesso. Como lidar com isso? Por meio da atualização, da consciência do aqui e agora. Ou seja, temos de levar na mochila o essencial, e não levar todos os nossos troféus nem todas as nossas lágrimas. Mas levar o aprendizado de quem sabe, por exemplo, construir um castelo de areia mesmo quando a onda levou o anterior.

E, para terminar, vamos ver o que um índio quíchua poria em sua mochila e o que não poria.

> Saboreio cada momento.
>
> Antigamente me preocupava quando os outros falavam mal de mim. Então fazia o que os outros queriam, e a minha consciência me censurava. Entretanto, apesar do meu esforço para ser bem educado, alguém sempre me difamava. Como agradeço a essas pessoas, que me ensinaram que a vida é apenas um cenário! Desse momento em diante, atrevo-me a ser como sou.
>
> A árvore anciã me ensinou que somos todos iguais. Sou guerreiro: a minha espada é o amor, o meu escudo é o humor, o meu espaço é a coerência, o meu texto é a liberdade.

Perdoem-me, se a minha felicidade é insuportável, mas não escolhi o bom-senso comum. Prefiro a imaginação dos índios, que tem embutida a inocência.

É possível que tenhamos que ser apenas humanos. Sem Amor nada tem sentido, sem Amor estamos perdidos, sem Amor corremos de novo o risco de estarmos caminhando de costas para a luz. Por esta razão é muito importante que apenas o Amor inspire as nossas ações.

Anseio que descubras a mensagem por detrás das palavras; não sou um sábio, sou apenas um ser apaixonado pela vida.

A melhor forma de despertar é deixando de questionar se nossas ações incomodam aqueles que dormem ao nosso lado.

A chegada não importa, o caminho e a meta são a mesma coisa. Não precisamos correr para algum lugar, apenas dar cada passo com plena consciência.

Quando somos maiores que aquilo que fazemos, nada pode nos desequilibrar.

Porém, quando permitimos que as coisas sejam maiores do que nós, o nosso desequilíbrio está garantido.

É possível que sejamos apenas água fluindo; o caminho terá de ser feito por nós. Porém, não permitas que o leito escravize o rio, ou então, em vez de um caminho, terás um cárcere.

Amo a minha loucura que me vacina contra a estupidez.

> Amo o amor que me imuniza contra a infelicidade que prolifera, infectando almas e atrofiando corações.
>
> As pessoas estão tão acostumadas com a infelicidade, que a sensação de felicidade lhes parece estranha. As pessoas estão tão reprimidas, que a ternura espontânea as incomoda, e o amor lhes inspira desconfiança.
>
> A vida é um cântico à beleza, uma chamada à transparência.
>
> Peço-lhes perdão, mas... DECLARO-ME VIVO!

Meu poderoso leitor, quero terminar este capítulo não com um teste, mas com uma perguntinha básica, que já está na sua cabeça: o que você levaria na sua mochila?

Acertar é humano!

Temos de aprender a partir de uma experiência positiva. Aprender e acertar, porque acertar é humano! Gosto de dizer que acertar é humano, porque ninguém erra e fica feliz, mas aprende, acerta e fica feliz. Enquanto está fazendo a sua tentativa, você está aprendendo e continua aprendendo até acertar. Nessa psicologia positiva, as palavras têm um peso muito grande, pois são elas que alimentam e fortalecem a confiança e a autoestima: conforme criam uma crença, as palavras atraem a emoção e predispõem a uma atitude. É como uma criança que começa a dar os primeiros passos, aos tropeços, que vai fazer de novo até aprender. Para essa criança nós não damos um reforço negativo, dizendo que ela nunca vai conseguir andar, por exemplo, porque sabemos que dali a pouco ela vai estar não apenas caminhando, mas também correndo por todo lado. O que fazemos quando a criança erra? Nós a ajudamos a levantar-se e tentar de novo, com ternura, usando palavras carinhosas e de estímulo, para que ela se sinta encorajada a continuar em sua experiência de aprender a andar, não é mesmo? Até que ela acerta!

Bernardo Stamateas, conferencista argentino, dentre outras atividades, e autor do livro *Gente tóxica*,[9] coloca a responsabilidade das palavras da seguinte maneira: "Falemos de forma clara: 'Agarre-se com força' é melhor que 'tenha cuidado para não cair'. 'Estes são os alimentos que você pode comer' é mais positivo que 'estes são seus alimentos proibidos'. 'Sente-se aqui' é melhor que 'não se sente tão perto da televisão'. Nelson Mandela não chamou suas memórias de 'um longo caminho para sair do *apartheid*', mas 'um longo caminho para a liberdade'. Seu compromisso não era contra o *apartheid*, mas a favor da liberdade. Não façamos politicagem com nossas palavras, devemos outorgar valor, convicção e firmeza a cada uma delas. Vamos construir pontes com elas, não destruir!"

Na experiência de Masaru Emoto no Japão, em garrafas de água destilada foram colocados rótulos com palavras que exprimiam sentimentos positivos: amor, gratidão, beleza etc. Gotas dessas garrafas foram congeladas em placas de Petri e depois observadas em microscópio. Constatou-se que as palavras positivas influenciaram o arranjo molecular da água, criando moléculas de desenho simétrico e magnífico, do tipo dos cristais de neve. Já as moléculas de água em cujas garrafas foram colocados rótulos com sentimentos que, embora não sejam negativos, assim são reconhecidos, como medo, raiva e tristeza, ficaram com um aspecto horrível, assimétricas, escuras. Se os nossos pensamentos podem fazer isso com a água, o que não poderão fazer com o nosso corpo (que, inclusive, contém 80% de água)? Nossos pensamentos criam a nossa realidade.

Poderoso leitor, você percebe como as palavras ganham um peso diferente quando são ditas de um ou de outro modo? Dependendo de como são empregadas, elas podem levá-lo a uma atitude positiva, despertando seu interesse no aprendizado, ou para o lado oposto, conduzindo a uma atitude negativa, de fracasso, porque são as palavras que despertam a emoção, e esta, por sua vez, leva à ação. São as emoções que nos predispõem à ação. É a emoção que nos estimula ao movimento e que conduz o mundo às grandes mudanças ideológicas.

Já que falamos em emoções, é interessante observar um quadro-resumo baseado num trabalho da Dra. Susana Block Arendt, psicóloga de renome internacional, especialista em psicofisiologia, em que me inspiro para desenvolver esta maneira de ver as emoções, situadas entre zonas de tensão e relaxamento, bem como entre atitudes de distanciamento e aproximação. Veja:

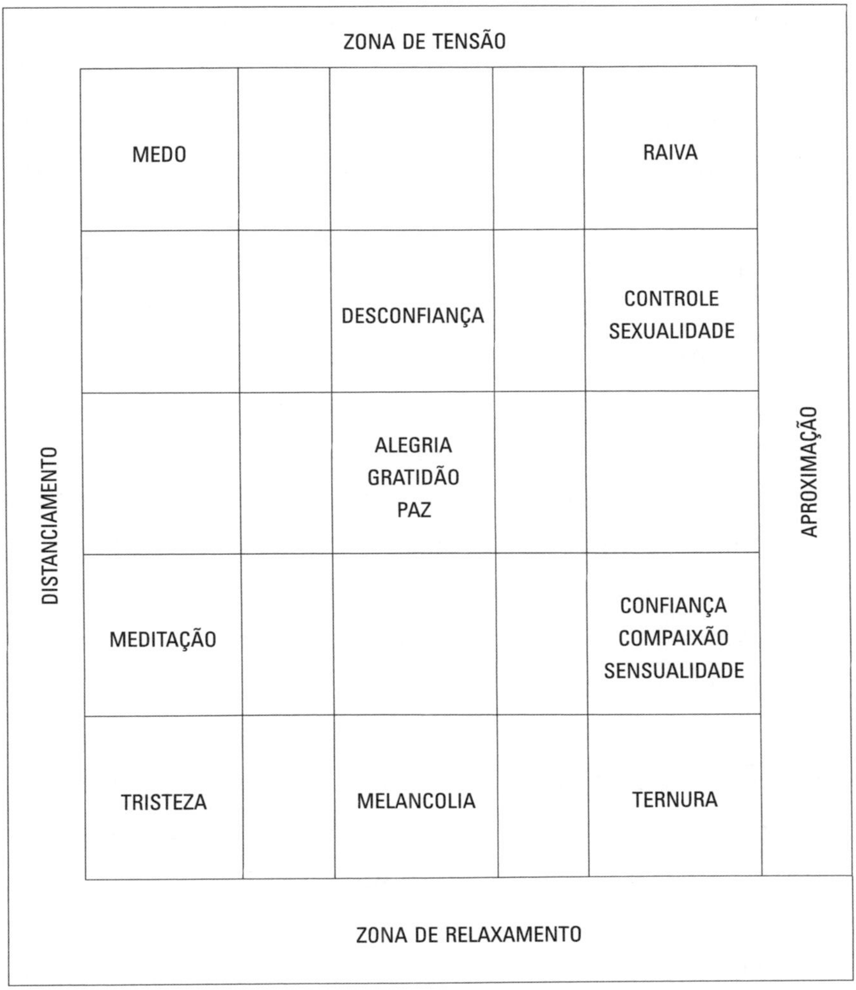

Quando sentimos medo, ficamos tensos e nos distanciamos, enquanto na hora da raiva nosso comportamento é de tensão e aproximação, ou seja, queremos pegar o outro pelo pescoço... A melancolia é uma emoção que está entre a tristeza e a ternura. A confiança também pode ser vista como emoção, pois nos predispõe a uma ação e essa ação nos leva a estar próximo das pessoas porque confiamos, mas com uma pequena tensão, porque na confiança sempre tem de haver um pouquinho de controle, de acordo com o Prof. Gasalla. O controle, por exemplo, nos aproxima das pessoas e nos põe em alerta, em tensão. Quanto à desconfiança, ela nos afasta e nos deixa tensos. É interessante você brincar um pouco com essas possibilidades, colocando emoções neste quadro e vendo como elas se comportam, a que movimento elas levam. A emoção não é boa nem ruim: você é que faz um bom ou mal uso dela; ela provoca um movimento, predispõe a uma ação, mas é você que dá significado a ela. Por exemplo, a raiva pode fazer você pular no pescoço de uma pessoa e agredi-la, como também pode fazer você pular sobre um cachorro que está atacando uma criança indefesa. A tristeza e a ternura, que se encontram mais próximas da zona de relaxamento, opõem-se nas atitudes: uma leva ao distanciamento enquanto a outra, a ternura, leva à aproximação. No centro, ficam a alegria e a gratidão, que eu costumo chamar de estado de graça. É nesse estado de graça que eu me aplaudo para ir dormir, agradecendo a oportunidade que tive de servir, de estar a serviço da minha própria alma e daqueles que me cercam. E acordo pedindo bis, mais uma vez agradecendo pela oportunidade à minha frente.

Há um consenso em torno dos benefícios das emoções boas, como alegria, prazer ou felicidade, que chegam a favorecer a nossa própria saúde física. Mas mesmo daquelas ditas negativas se podem tirar proveitos. O medo, como já vimos, é uma forma cautelosa de lidarmos com o perigo, enquanto a raiva pode ser altamente positiva quando não condenada, negada ou reprimida. Nas palavras da psicóloga clínica Esther Carrenho: “A força da raiva não jogada para dentro pode ser utilizada para a abertura de novos caminhos, para o conhecimento de novas possibilidades, na coragem para novos desafios, novas aventuras e novas realizações. É paradoxal. Se reprimida, pode levar à inércia; se descontrolada, pode levar à destruição; se reconhecida e canalizada para liberar a criatividade, pode ser construtiva e realizadora”.[10]

Até pouco tempo atrás, empresas e empresários se mostravam hostis em relação à manifestação das emoções; era como se o ambiente não permitisse que os colaboradores fossem pessoas integradas, com emoções e mente associados. Nos anos 1990, o psicólogo Daniel Goleman questionou o critério de coeficiente intelectual e desenvolveu o conceito de inteligência emocional, quando as emoções precisam ser trabalhadas para alcançar o sucesso. No cenário do nosso século 21, a emoção é um ativo valorizado, um dos pontos altos de avaliação. “Não há mais o interesse pelo funcionário robótico, em quem ninguém confia por não saber o que ele pensa. A pessoa tem de assumir aquilo que é e as suas ideias, e aqueles que almejam cargos de gestão precisam aprender a dar valor às pessoas ao seu redor”, como afirma um consultor de recursos humanos em artigo da revista *IstoÉ*.[11]

Se as emoções estão no sistema límbico e se nós somos considerados seres superiores e desenvolvidos porque temos o córtex cerebral, por que razão abandonamos o desenvolvimento do sistema límbico, como se ele fosse descartável ou primitivo, e não o desenvolvemos, como alguns animais que, sem o córtex cerebral, conseguem fazer coisas mais inteligentes que os seres humanos possuindo os dois sistemas?

Tomei conhecimento do caso de uma cachorra e esse questionamento me veio à mente. A história é mais ou menos esta: em 2003, a polícia de Warwckshire, um condado no centro da Inglaterra, abriu um galpão de um jardim e encontrou ali uma cadela chorosa e encolhida. Ela havia sido trancada e abandonada no galpão. Estava suja, desnutrida e claramente maltratada. Num ato de bondade, a polícia levou a cachorra para um abrigo próximo, o Nuneaton Warwickshire Wildlife Sanctuary, dirigido por um homem chamado Geoff Grewcock. Esse lugar é conhecido como um paraíso para animais abandonados, órfãos ou com qualquer outra necessidade. Geoff e a equipe do Santuário trabalharam com dois objetivos: restaurar a completa saúde do animal e ganhar sua confiança. Levou várias semanas, mas finalmente os dois objetivos foram alcançados. Deram-lhe o nome de Jasmine, e começaram a pensar em encontrar para ela um lar adotivo.

Mas Jasmine tinha outras ideias. Ninguém se lembra de como começou, mas ela passou a dar as boas-vindas a todos os animais que chegavam ao Santuário. Não importava se fosse um cachorrinho, um filhote de raposa, um coelho ou qualquer outro animal perdido ou ferido. Jasmine se esgueirava para dentro da caixa ou gaiola e os recebia com uma lambida de boas-vindas. Geoff conta um dos primeiros incidentes: "Nós tínhamos dois cachorrinhos que foram abandonados numa linha de trem próxima. Um era um mestiço de *Lakeland Terrier* e o outro um mestiço de *Jack Russel Doberman*. Eles eram bem pequenos quando chegaram ao centro e Jasmine aproximou-se e abocanhou um pelo cangote e colocou-o em uma almofada. Aí ela trouxe o outro e aconchegou-se a eles, acarinhando-os." E continua: "Mas ela é assim com todos os nossos animais, até com os coelhos. Ela os acalma e os desestressa, e isso os ajuda não só a ficarem mais próximos a ela, como também a se adaptarem ao novo ambiente. Ela fez o mesmo com filhotes de raposa e de texugos; ela lambe os coelhos e os porcos-da-guiné e ainda deixa os pássaros se empoleirarem em seu nariz."

Jasmine, a tímida, maltratada, pária abandonada, tornou-se a mãe substituta dos animais do Santuário, um papel para o qual nasceu. A lista de animais dos quais ela cuidou inclui cinco filhotes de raposa, quatro filhotes de texugo, quinze galinhas, oito porcos-da-guiné, dois cachorrinhos e quinze coelhos. E um cervo montês. O pequeno Bramble, com 11 semanas de idade, foi encontrado semiconsciente em um campo. Na chegada ao Santuário, Jasmine aconchegou-se a ele para mantê-lo aquecido e assumiu inteiramente o papel de mãe substituta. Jasmine cumula Bramble de afeição e não deixa que nada lhe falte.

"Eles são inseparáveis", diz Geoff. "Bramble anda entre suas pernas e eles ficam se beijando... Eles passeiam juntos pelo Santuário. É um prazer vê-los." Jasmine continuará cuidando de Bramble até que ele possa voltar a viver na floresta. Quando isso acontecer, Jasmine não estará sozinha. Ela estará muito ocupada, distribuindo amor e carinho ao próximo órfão ou à próxima vítima de abusos e maus-tratos. Ela é um verdadeiro exemplo de amor incondicional!

Veja, com essa história, que a cachorra ensina cuidado, confiança e ternura a outros animais numa imersão em cuidados, confiança e ternura. O sistema límbico é coisa de mamíferos, e nós, humanos, nos diferenciamos pelo córtex cerebral, mas nos esquecemos do límbico. A evolução do sistema cerebral, com a supervalorização do córtex como um diferencial entre o homem e o animal, como se não fôssemos mais mamíferos e não fizéssemos parte desse reino animal, fez de alguns homens um ser pouco humano, porque atrofiou as emoções.

A ternura é a primeira emoção com a qual temos contato na vida, ainda bebês, na barriga e no colo da nossa mãe. E a melhor maneira de aprendermos a emoção é por imersão. É tendo contato com as emoções que as desenvolvemos na forma de estímulo, por isso é que toda emoção deve ser vivida inteiramente, sem negá-la ou reprimi-la.

Há seres humanos ditos corticais que não sabem responder com mais de duas modalidades de emoções: a raiva e o medo, ou a raiva e a tristeza; não têm uma riqueza de emoção porque não aprenderam, porque não desenvolveram, porque não usaram ou porque não experimentaram. Na verdade, está tudo em nós. Mas temos que usar, senão atrofia, e as emoções são os motores para a ação, a emoção nos leva à ação.

Estamos aqui para experimentar, errar, aprender e usar a sabedoria disso para criar sonhos ainda maiores. Eu crio o meu dia quando acordo pela manhã, e ao fazer isso pequenas coisas tão inexplicáveis acontecem... Eu sei que são o processo ou o resultado da minha criação. Quanto mais faço isso, mais fortaleço uma rede neural em meu cérebro, com a qual aceito que isso seja possível. E isso me dá o poder e o incentivo de repetir a experiência no dia seguinte.

Precisamos, então, exercitar mais a ternura e a gratidão, pois a vida é um milagre e um prazer, e só nos lembramos disso quando passamos por uma doença como aprendizado. Ficamos tão corticais que deixamos o límbico muito selvagem e primitivo. Agora temos que reaprender e desenvolver nosso sistema límbico e todas as suas categorias e variáveis de emoções, usando toda a nossa energia com inteligência e dentro do positivismo.

Ao fim deste capítulo, quero deixá-lo, meu poderoso leitor, ao sabor da meditação que eu certamente provoquei em você. Desfrute-a e veja como é bom mergulhar numa emoção...

Capítulo 5

Agora que você já passou por todos os testes...

Vou revelar o que prometi. Quer saber o que é preciso para enfrentar, superar e vencer todas as crises que surgem e que ainda vão surgir? É você conhecer a si mesmo, saber do que tem medo, se preparar, adquirir conhecimento, é você descobrir o seu talento, seu propósito, sua motivação. Mas também é dar valor à vida, reconhecer seu sentido de vida, valorizar o entorno e o outro, saber que faz parte de um mundo que é um organismo vivo, entender seu papel neste mundo, neste planeta, entender que você e o planeta são como gêmeos siameses ligados por um único coração, formando a comunidade da vida.

O ser humano nasce bom e é assim que ele deveria viver a vida toda, vendo sua participação no mundo como uma grande generosidade, cultivando a prosperidade de ter um espírito rico, se doando em nome de uma sustentabilidade social, uma economia social, onde prevalecesse a biologia do amar, da qual fala muito bem o biólogo Humberto Maturana, respeitando o outro como legítimo outro. O amar começa na legitimação do outro como um legítimo outro, e esse respeito e essa legitimação é que fazem a diferença para manter a consciência e a não manipulação, outro conceito de Maturana.

Na medida em que você, leitor poderoso, foi respondendo aos testes propostos, tenho certeza de que fez uma reflexão profunda em relação ao seu posicionamento. Tenho certeza de que também refletiu sobre a possibilidade de praticar o voluntariado, e de colocar seus talentos em prol também dos demais. Falando agora de talento e de crise, quero deixar claro que crise, no meu modo de ver, é o que estamos vivendo o tempo inteiro, que faz parte do processo chamado vida. Porém, a pior crise é a que criamos a partir da conveniência, da ganância, do desperdício, da falta de consciência em relação ao que fazemos e o que deixamos de fazer com este planeta onde coabitamos e com as sociedades com as quais convivemos. Assim, ser voluntário é colocar seu talento a serviço, e isso é cidadania, responsabilidade social, consciência, é estar vivo de fato, é relevância, sentido de vida, participação, inclusão etc. Digo isso porque ainda mais atual do que a própria crise financeira que assola todas as pessoas deste planeta no momento presente, está a crise da ganância. O ter acima do ser. O desespero de querer ganhar cada vez mais, de querer crescer desmedidamente, em que tudo não é o bastante. É uma valorização exagerada do que se pode acumular em bens e riquezas, em detrimento do grande valor de cada ser humano em particular.

Recentemente estive no Mato Grosso e conversei com alguns empresários do agronegócio. A tecnologia que eles usam hoje em suas fazendas e plantações é fantástica: conseguem dez crias de uma vaca de raça num único

ano, inseminando embriões dela em vacas de outras raças menos valorizadas, e a produção de milho e soja praticamente triplicou depois que descobriram como a genética é capaz de fazer render o metro quadrado da plantação. Mas ainda assim tem-se fome no mundo.

É hora de ser criativo, sim, de rever seus conceitos, e você pode ser criativo estando engajado em uma ONG ou engajado na vida, a maior ONG, à qual todos nós deveríamos estar engajados. Também é hora de potencializar cada vez mais nossas fortalezas e deixar cada vez mais irrelevantes nossas fraquezas e debilidades. E para isso precisamos de maturidade para: 1. ter claro o que não queremos, 2. ter claro o que queremos, 3. pagar o preço pelo que queremos, 4. saber que não podemos tudo na vida. Também é importante considerar a inteligência emocional: me conhecer, conhecer o outro, me autogerir (autorregulação) e gerir a minha relação com os outros.

Já disse antes que hoje estou na minha quarta carreira profissional, sendo palestrante. Dar palestras hoje é o meu trabalho, mas o mais genial de tudo isso é a oportunidade que tenho de conhecer gente, de ver o mundo por diversos ângulos, de sair da minha zona de conforto, de ser curiosa, de perguntar, me interessar e descobrir. Fui colocando valores em minha mochila, e hoje sou uma pessoa que tem respeito e agradecimento pelas pessoas e pelas oportunidades de aproveitar cada encontro desses para aprender sem julgar.

Por falar em respeito e gratidão, permita-me fazer um agradecimento público, compartilhando com você, meu leitor, uma experiência. É uma experiência tão bonita, tão especial, e essas coisas, sim, temos que compartilhar, porque depois de certa idade parece que sempre as amizades, as relações têm interesses, segundas intenções, como o poeta já disse: "Não confio em ninguém com mais de trinta anos, não confio em ninguém com mais de trinta cruzeiros..." (agora, trinta reais...). Quando crianças, somos amigos porque nossos pais o são, porque somos primos, porque somos vizinhos, porque estamos na mesma classe, enfim o fato de nos encontrarmos nos dá a possibilidade da amizade sem julgamento, sem restrições, sem reducionismo. Há uma idade em que somos mais livres para as amizades, mas não é sobre este tema que quero me estender.

Pois bem. Sempre achei que se reuníssemos um grupo de palestrantes, poderíamos fazer juntos coisas que seria bom para cada um, para todos e para o mundo, pois havia lido que nos Estados Unidos uma editora colocou alguns autores de gestão em um hotel muito especial para, durante uma semana, fazerem um *brainstorming* sobre o futuro. E saiu um best-seller, coisa de americano. Essa experiência de ser palestrante é uma possibilidade incrível, pois conhecemos muita gente, muitas realidades diferentes, muitas empresas, muitas ideias, muitos negócios, muitos projetos, e isso nos dá uma visão de águia, porque enxergamos longe. Pensei: "Se reuníssemos essas pessoas, o que poderia sair?" A vida de palestrante é muito solitária e cada vez que encontrávamos um palestrante em algum aeroporto, em alguma cidade, em alguma palestra, sempre era uma festa e parecia que nos conhecíamos havia muito tempo; havia um carinho, um respeito, uma coisa muito especial. Parecia que éramos amigos íntimos pois havia uma confiança, um descansar, um sossego.

No ano de 2006, acabei por encontrar Cesar Romão várias vezes, e sempre falávamos sobre a possibilidade de fazer um grupo, nos organizarmos de alguma maneira, nos unirmos, e pensávamos em algo que daria força a todos. Nem sei por que pensávamos nisso, pois na realidade as pessoas nas quais pensávamos eram todas já bem fortes, hahaha... Bem, fizemos uma reunião e a partir dessa reunião acabamos repetindo os encontros de uma forma tão especial, em um lugar também especial, chamado Chaparral, que virou o nome do grupo. Somos os "chapas" do Chaparral e já escrevemos dois livros juntos, fizemos uma fita de vídeo, uns eventos, várias reuniões e trocas de emails constantes. É um grupo de apoio, de presença, de consulta, de tudo.

Como definir Chaparral? Poderia ser uma confraria, mas acredito que somos é a própria conspiração aquariana, hahaha... Temos interesses pessoais e propósitos comuns. E isso ficaria claro para qualquer pessoa que pudesse acompanhar os *e-mails* maravilhosos que trocamos diariamente e que contam a história de um grupo muito especial de seres humanos. Esses propósitos comuns não foram definidos formalmente, mas acontecendo com naturalidade e estão implícitos em projetos comuns, que acabaram por acontecer nesses quase três anos, em apoio a projetos pessoais de cada um do grupo, que sempre tem um dos companheiros presente e apoiando. Tudo isso sem normas, sem regras, autopoieticamente, como diria Maturana. Em cada uma das trocas de *e-mails* (mais ou menos 10.858 *e-mails*), desde os mais divertidos, os mais sérios, os mais preocupantes, os mais complexas, os mais intelectuais, os mais científicos, os mais desencanados, os mais futebolísticos, os mais espiritualizados, os sedutores, os sexuais; enfim, houve de tudo nesse grupo, nesse tempo todo. Houve depoimentos, declarações, apelos, orações, cumplicidades, compaixões, paixões, apoios, ensinamentos, orientações, conselhos, gozações... Houve, enfim, AMIZADE.

Esse grupo contradiz o poeta que não confia em ninguém com mais de trinta anos nem em ninguém com mais de trinta cruzeiros, pois todos do grupo têm mais de trinta anos, mais de trinta reais, e eu confio e agradeço. É uma experiência de inclusão, de diversidade, de ternura, de confiança, de cumplicidade, de amizade, de admiração, de respeito, de aceitação e muito mais, que tem o nome Chaparral e não precisa de nada mais, não precisa de formalidade, de códigos de ética, de normas, de estratégias, de planejamento: esse grupo é a própria autopoiese. Parte da autonomia de cada membro alinhada à consciência de uma interdependência baseada na clareza, na cumplicidade, no comprometimento e na confiança.

Aos moldes da Fundação Vicente Ferrer, os chapas também compartilham dos mesmos quatro princípios básicos, dos quais falarei a seguir, mas com uma diferença. Quando falava em pobreza, Vicente Ferrer falava em pobreza no plano físico, material, e nós do Chaparral estamos comprometidos com a pobreza espiritual no sentido do espírito de pobre, ou seja, queremos dar às pessoas o espírito de rico, da abundância, da inclusão, do conhecimento, da consciência. De certa maneira, em cada uma das nossas reuniões também há uma ordem do dia, um fortalecimento desses princípios, uma renovação dos nossos votos e do nosso comprometimento com essa nossa carreira. O todo fortalece o uno. Cada encontro é um renovar de motivação e determinação.

Na Fundação Vicente Ferrer, os quatro principais fatores que resumem a motivação interna e a natureza da entidade são: 1. o interesse humano pelos demais, 2. o trabalho mais além que o dever, 3. a busca contínua pela excelência, e 4. ajudar o maior número possível de pessoas pobres. E esses princípios fazem parte da ordem do dia de todas as reuniões da Fundação; todos nós tentamos aplicá-los nas diferentes esferas da vida e fazemos um esforço constante de melhorar e renovar nossa motivação e nossa determinação, de servir às famílias mais pobres de Anantapur. É um renovar constante do comprometimento assumido, da escolha feita, e não há problema algum se um dia você achar que quer seguir outro caminho, é como se as pessoas da Fundação dissessem: "Mas seja claro e vá seguir o seu caminho, enquanto nós continuamos aqui, neste lugar." É como renovar os votos, a vocação diariamente.

Renovar o comprometimento diariamente é perguntar-se todos os dias: "O que me importa de fato? O que me inquieta?", porque nós realmente nos comprometemos com o que nos importa e nos inquieta. Qual é a sua causa, meu poderoso leitor? O que lhe importa? O que lhe inquieta?

Voltando, e quase concluindo, ao nosso assunto crise, na visão de Leonardo Boff, membro da comissão da Carta da Terra, dentre outras funções, "a crise atual constitui uma oportunidade única de a humanidade parar, pensar, ver onde se cometeram erros, como evitá-los e que rumos novos devemos conjuntamente construir para sair da crise, preservar a natureza e projetar um horizonte de esperança, promissor para toda a comunidade de vida, incluídas as pessoas humanas. Trata-se sem mais nem menos de articular um novo padrão de produção e de consumo com uma repartição mais equânime dos benefícios naturais e tecnológicos, respeitando a capacidade de suporte de cada ecossistema, do conjunto do sistema-Terra e vivendo em harmonia com a natureza".[12]

E depois de ter lido tudo que leu aqui, posso quase concluir que você, leitor poderoso, concluiu que crise é uma oportunidade, pois é em momentos de crise que crescemos. O que acontece numa crise? Ficamos com medo. E o que faz o medo? Faz as pessoas se mexerem para descobrir quem são e qual é o seu lugar no mundo.

Crises são momentos em que você toma consciência do real, saindo do automático, passando da conveniência à consciência. É sair da transparência, permitindo ver longe e ver perto, estando livre de miopias e astigmatismos.

Há, sim, uma crise mundial a ser superada: a da economia social. Não tenho uma macrossolução para oferecer a você, mas minha proposta é que você consiga administrar e gerenciar você mesmo para, dessa forma, conseguir influenciar um pouco o entorno do qual faz parte. Se mais pessoas fizessem isso, teríamos mais responsabilidade de chegar a algum lugar.

A hora é de ação. É mais importante o que você pode fazer do que o que você não pode fazer.

A crise econômica que assustou o mundo desde setembro de 2008 foi um pânico que criaram e as pessoas começaram a se defender de uma coisa com que não tinham sido atingidas, como se enfrentassem uma síndrome pré-traumática. É como começar a coçar antes de ser mordido pelo pernilongo, e agora nem precisa ser mordido, porque você já fez a ferida...

Capítulo 6

A Carta da Terra

Na mesma época em que eu escrevo este livro, acompanho a implementação do movimento "Carta da Terra" em nosso país. As bases do movimento foram lançadas durante a Conferência das Nações Unidas sobre o Meio Ambiente e o Desenvolvimento de 1992, mais conhecida como "Rio 92", referência à cidade que a abrigou, e também como "Cúpula da Terra", por ter mediado acordos entre os chefes de Estado presentes. Há todo um cenário político por trás desse movimento, mas também fica muito clara a preocupação mundial com a construção de sociedades sustentáveis conciliando métodos de proteção ambiental, justiça social e eficiência econômica.

Nas palavras do teólogo Leonardo Boff, "a Carta da Terra parte de uma visão integradora e holística. Considera a pobreza, a degradação ambiental, a injustiça social, os conflitos étnicos, a paz, a democracia, a ética e a crise espiritual como problemas interdependentes que demandam soluções includentes. Ela representa um grito de urgência face às ameaças que pesam sobre a biosfera e o projeto planetário humano. Significa também um libelo em favor da esperança de um futuro comum da Terra e Humanidade".

O que me chamou a atenção foi a propaganda veiculada em canais de televisão por assinatura, que diz mais ou menos o seguinte: "Crise, pânico. A humanidade vem, nas últimas décadas, recebendo vários sinais de alerta. Meio ambiente se degradando, falta de respeito pela vida, falta de paz, e agora uma grave crise econômica e financeira. Crises nos fazem pensar e nos levam a transformações. Crises como estas necessitam de reinvenções, de soluções que vão à raiz dos problemas, que não sejam meros paliativos. É hora de um novo modelo, um modelo que vá além do eu, que leve o bem para nós, que pense no país, sim, mas que também pense no todo. Um modelo baseado na comunhão, na interdependência, na solidariedade, na justiça, na essência do ser humano. Um modelo que nos faça buscar o bem comum em tudo que fazemos."

Reproduzo o texto integral aqui, para você tomar conhecimento. Vale a pena!

A CARTA DA TERRA[13]

PREÂMBULO

Estamos diante de um momento crítico na história da Terra, em uma época em que a humanidade deve escolher o seu futuro. À medida que o mundo se torna cada vez mais interdependente e frágil, o futuro enfrenta, ao mesmo tempo, grandes perigos e grandes promessas. Para seguir adiante, devemos reconhecer que, no meio da uma magnífica diversidade de culturas e formas de vida, somos uma família humana e uma comunidade terrestre com um destino comum. Devemos somar forças para gerar uma sociedade sustentável global baseada no respeito pela natureza, nos direitos humanos universais, na justiça econômica e numa cultura da paz. Para chegar a esse propósito, é imperativo que nós, os povos da Terra, declaremos nossa responsabilidade uns para com os outros, com a grande comunidade da vida, e com as futuras gerações.

Terra, Nosso Lar

A humanidade é parte de um vasto universo em evolução. A Terra, nosso lar, está viva com uma comunidade de vida única. As forças da natureza fazem da existência uma aventura exigente e incerta, mas a Terra providenciou as condições essenciais para a evolução da vida. A capacidade de recuperação da comunidade da vida e o bem-estar da humanidade dependem da preservação de uma biosfera saudável com todos seus sistemas ecológicos, uma rica variedade de plantas e animais, solos férteis, águas puras e ar limpo. O meio ambiente global com seus recursos finitos é uma preocupação comum de todas as pessoas. A proteção da vitalidade, diversidade e beleza da Terra é um dever sagrado.

A Situação Global

Os padrões dominantes de produção e consumo estão causando devastação ambiental, redução dos recursos e uma massiva extinção de espécies. Comunidades estão sendo arruinadas. Os benefícios do desenvolvimento não estão sendo divididos equitativamente e o fosso entre ricos e pobres está aumentando. A injustiça, a pobreza, a ignorância e os conflitos violentos têm aumentado e são causa de grande sofrimento. O crescimento sem precedentes da população humana tem sobrecarregado os sistemas ecológico e social. As bases da segurança global estão ameaçadas. Essas tendências são perigosas, mas não inevitáveis.

Desafios para o Futuro

A escolha é nossa: formar uma aliança global para cuidar da Terra e uns dos outros, ou arriscar a nossa destruição e a da diversidade da vida. São necessárias mudanças fundamentais dos nossos valores, instituições e modos de vida. Devemos entender que, quando as necessidades básicas forem atingidas, o desenvolvimento humano será primariamente voltado a ser mais, não a ter mais. Temos o conhecimento e a tecnologia necessários para abastecer a todos e reduzir nossos impactos ao meio ambiente. O surgimento de uma sociedade civil global está criando novas oportunidades para construir um mundo democrático e humano. Nossos desafios ambientais, econômicos, políticos, sociais e espirituais estão interligados, e juntos podemos forjar soluções includentes.

Responsabilidade Universal

Para realizar essas aspirações, devemos decidir viver com um sentido de responsabilidade universal, identificando-nos com toda a comunidade terrestre bem como com nossa comunidade local. Somos, ao mesmo tempo, cidadãos de nações diferentes e de um mundo no qual a dimensão local e global estão ligadas. Cada um compartilha da responsabilidade pelo presente e pelo futuro, pelo bem-estar da família humana e de todo o mundo dos seres vivos. O espírito de solidariedade humana e de parentesco com toda a vida é fortalecido quando vivemos com reverência o mistério da existência, com gratidão pelo dom da vida, e com humildade considerando em relação ao lugar que ocupa o ser humano na natureza. Necessitamos com urgência de uma visão compartilhada de valores básicos para proporcionar um fundamento ético à comunidade mundial emergente. Portanto, juntos na esperança, afirmamos os seguintes princípios, todos interdependentes, visando a um modo de vida sustentável como critério comum, através dos quais a conduta de todos os indivíduos, organizações, empresas, governos e instituições transnacionais será guiada e avaliada.

PRINCÍPIOS

I. RESPEITAR E CUIDAR DA COMUNIDADE DA VIDA

1. *Respeitar a Terra e a vida em toda sua diversidade.*
    a. Reconhecer que todos os seres são interligados e cada forma de vida tem valor, independentemente de sua utilidade para os seres humanos.
    b. Afirmar a fé na dignidade inerente de todos os seres humanos e no potencial intelectual, artístico, ético e espiritual da humanidade.
2. *Cuidar da comunidade da vida com compreensão, compaixão e amor.*
    a. Aceitar que, com o direito de possuir, administrar e usar os recursos naturais vem o dever de impedir o dano causado ao meio ambiente e de proteger os direitos das pessoas.
    b. Assumir que o aumento da liberdade, dos conhecimentos e do poder implica responsabilidade na promoção do bem comum.
3. *Construir sociedades democráticas que sejam justas, participativas, sustentáveis e pacíficas.*
    a. Assegurar que as comunidades em todos níveis garantam os direitos humanos e as liberdades

fundamentais e proporcionem a cada um a oportunidade de realizar seu pleno potencial.

b. Promover a justiça econômica e social, propiciando a todos a consecução de uma subsistência significativa e segura, que seja ecologicamente responsável.

4. *Garantir as dádivas e a beleza da Terra para as atuais e as futuras gerações.*

a. Reconhecer que a liberdade de ação de cada geração é condicionada pelas necessidades das gerações futuras.

b. Transmitir às futuras gerações valores, tradições e instituições que apoiem, em longo prazo, a prosperidade das comunidades humanas e ecológicas da Terra.

Para poder cumprir estes quatro amplos compromissos, é necessário:

II. INTEGRIDADE ECOLÓGICA

5. *Proteger e restaurar a integridade dos sistemas ecológicos da Terra, com especial preocupação pela diversidade biológica e pelos processos naturais que sustentam a vida.*

a. Adotar planos e regulamentações de desenvolvimento sustentável em todos os níveis que façam com que a conservação ambiental e a reabilitação sejam parte integral de todas as iniciativas de desenvolvimento.

b. Estabelecer e proteger as reservas com uma natureza viável e da biosfera, incluindo terras selvagens e áreas marinhas, para proteger os sistemas de sustento à vida da Terra, manter a biodiversidade e preservar nossa herança natural.
c. Promover a recuperação de espécies e ecossistemas ameaçados.
d. Controlar e erradicar organismos não nativos ou modificados geneticamente que causem dano às espécies nativas, ao meio ambiente, e prevenir a introdução desses organismos daninhos.
e. Manejar o uso de recursos renováveis como água, solo, produtos florestais e vida marinha de forma que não excedam as taxas de regeneração e que protejam a sanidade dos ecossistemas.
f. Manejar a extração e o uso de recursos não renováveis, como minerais e combustíveis fósseis de forma que diminuam a exaustão e não causem dano ambiental grave.

6. *Prevenir o dano ao ambiente como o melhor método de proteção ambiental e, quando o conhecimento for limitado, assumir uma postura de precaução.*
   a. Orientar ações para evitar a possibilidade de sérios ou irreversíveis danos ambientais mesmo quando a informação científica for incompleta ou não conclusiva.
   b. Impor o ônus da prova àqueles que afirmarem que a atividade proposta não causará dano significativo e fazer com que os grupos sejam responsabilizados pelo dano ambiental.

c. Garantir que a decisão a ser tomada se oriente pelas consequências humanas globais, cumulativas, de longo prazo, indiretas e de longo alcance.
d. Impedir a poluição de qualquer parte do meio ambiente e não permitir o aumento de substâncias radioativas, tóxicas ou outras substâncias perigosas.
e. Evitar que atividades militares causem dano ao meio ambiente.

7. *Adotar padrões de produção, consumo e reprodução que protejam as capacidades regenerativas da Terra, os direitos humanos e o bem-estar comunitário.*

a. Reduzir, reutilizar e reciclar materiais usados nos sistemas de produção e consumo e garantir que os resíduos possam ser assimilados pelos sistemas ecológicos.
b. Atuar com restrição e eficiência no uso de energia e recorrer cada vez mais aos recursos energéticos renováveis, como a energia solar e do vento.
c. Promover o desenvolvimento, a adoção e a transferência equitativa de tecnologias ambientais saudáveis.
d. Incluir totalmente os custos ambientais e sociais de bens e serviços no preço de venda e habilitar os consumidores a identificar produtos que satisfaçam as mais altas normas sociais e ambientais.
e. Garantir acesso universal à assistência de saúde que fomente a saúde reprodutiva e a reprodução responsável.

f. Adotar estilos de vida que acentuem a qualidade de vida e subsistência material num mundo finito.

8. *Avançar o estudo da sustentabilidade ecológica e promover a troca aberta e a ampla aplicação do conhecimento adquirido.*

a. Apoiar a cooperação científica e técnica internacional relacionada à sustentabilidade, com especial atenção às necessidades das nações em desenvolvimento.
b. Reconhecer e preservar os conhecimentos tradicionais e a sabedoria espiritual em todas as culturas que contribuam para a proteção ambiental e o bem-estar humano.
c. Garantir que informações de vital importância para a saúde humana e para a proteção ambiental, incluindo informação genética, estejam disponíveis ao domínio público.

III. JUSTIÇA SOCIAL E ECONÔMICA

9. *Erradicar a pobreza como um imperativo ético, social e ambiental.*

a. Garantir o direito à água potável, ao ar puro, à segurança alimentar, aos solos não contaminados, ao abrigo e saneamento seguro, distribuindo os recursos nacionais e internacionais requeridos.
b. Prover cada ser humano de educação e recursos para assegurar uma subsistência sustentável, e proporcionar seguro social e segurança coletiva a

todos aqueles que não são capazes de manter-se por conta própria.

c. Reconhecer os ignorados, proteger os vulneráveis, servir àqueles que sofrem, e permitir-lhes desenvolver suas capacidades e alcançar suas aspirações.

10. *Garantir que as atividades e instituições econômicas em todos os níveis promovam o desenvolvimento humano de forma equitativa e sustentável.*

a. Promover a distribuição equitativa da riqueza dentro das e entre as nações.

b. Incrementar os recursos intelectuais, financeiros, técnicos e sociais das nações em desenvolvimento e isentá-las de dívidas internacionais onerosas.

c. Garantir que todas as transações comerciais apoiem o uso de recursos sustentáveis, a proteção ambiental e normas trabalhistas progressistas.

d. Exigir que corporações multinacionais e organizações financeiras internacionais atuem com transparência em benefício do bem comum e responsabilizá-las pelas consequências de suas atividades.

11. *Afirmar a igualdade e a equidade de gênero como requisitos para o desenvolvimento sustentável e assegurar o acesso universal à educação, assistência de saúde e às oportunidades econômicas.*

a. Assegurar os direitos humanos das mulheres e das meninas e acabar com toda violência contra elas.

b. Promover a participação ativa das mulheres em todos os aspectos da vida econômica, política, civil, social e cultural como parceiras plenas e paritárias, tomadoras de decisão, líderes e beneficiárias.
c. Fortalecer as famílias e garantir a segurança e a educação amorosa de todos os membros da família.

12. *Defender, sem discriminação, os direitos de todas as pessoas a um ambiente natural e social, capaz de assegurar a dignidade humana, a saúde corporal e o bem-estar espiritual, concedendo especial atenção aos direitos dos povos indígenas e minorias.*

a. Eliminar a discriminação em todas suas formas, como as baseadas em raça, cor, gênero, orientação sexual, religião, idioma e origem nacional, étnica ou social.
b. Afirmar o direito dos povos indígenas à sua espiritualidade, conhecimentos, terras e recursos, assim como às suas práticas relacionadas a formas sustentáveis de vida.
c. Honrar e apoiar os jovens das nossas comunidades, habilitando-os a cumprir seu papel essencial na criação de sociedades sustentáveis.
d. Proteger e restaurar lugares notáveis pelo significado cultural e espiritual.

IV. DEMOCRACIA, NÃO VIOLÊNCIA E PAZ

13. *Fortalecer as instituições democráticas em todos os níveis e proporcionar-lhes transparência*

e prestação de contas no exercício do governo, participação inclusiva na tomada de decisões, e acesso à justiça.

a. Defender o direito de todas as pessoas no sentido de receber informação clara e oportuna sobre assuntos ambientais e todos os planos de desenvolvimento e atividades que poderiam afetá-las ou nos quais tenham interesse.
b. Apoiar sociedades civis locais, regionais e globais e promover a participação significativa de todos os indivíduos e organizações na tomada de decisões.
c. Proteger os direitos à liberdade de opinião, de expressão, de assembleia pacífica, de associação e de oposição.
d. Instituir o acesso efetivo e eficiente a procedimentos administrativos e judiciais independentes, incluindo retificação e compensação por danos ambientais e pela ameaça de tais danos.
e. Eliminar a corrupção em todas as instituições públicas e privadas.
f. Fortalecer as comunidades locais, habilitando-as a cuidar dos seus próprios ambientes, e atribuir responsabilidades ambientais aos níveis governamentais onde possam ser cumpridas mais efetivamente.

14. *Integrar, na educação formal e na aprendizagem ao longo da vida, os conhecimentos, valores e habilidades necessárias para um modo de vida sustentável.*

a. Oferecer a todos, especialmente a crianças e jovens, oportunidades educativas que lhes permitam contribuir ativamente para o desenvolvimento sustentável.
b. Promover a contribuição das artes e humanidades, assim como das ciências, na educação para sustentabilidade.
c. Intensificar o papel dos meios de comunicação de massa no sentido de aumentar a sensibilização para os desafios ecológicos e sociais.
d. Reconhecer a importância da educação moral e espiritual para uma subsistência sustentável.

15. *Tratar todos os seres vivos com respeito e consideração.*

a. Impedir crueldades aos animais mantidos em sociedades humanas e protegê-los de sofrimentos.
b. Proteger animais selvagens de métodos de caça, armadilhas e pesca que causem sofrimento extremo, prolongado ou evitável.
c. Evitar ou eliminar ao máximo possível a captura ou destruição de espécies não visadas.

16. *Promover uma cultura de tolerância, não violência e paz.*

a. Estimular e apoiar o entendimento mútuo, a solidariedade e a cooperação entre todas as pessoas, dentro das e entre as nações.
b. Implementar estratégias amplas para prevenir conflitos violentos e usar a colaboração na resolução de problemas para manejar e resolver conflitos ambientais e outras disputas.

c. Desmilitarizar os sistemas de segurança nacional até chegar ao nível de uma postura não provocativa da defesa e converter os recursos militares em propósitos pacíficos, incluindo restauração ecológica.
d. Eliminar armas nucleares, biológicas e tóxicas e outras armas de destruição em massa.
e. Assegurar que o uso do espaço orbital e cósmico mantenha a proteção ambiental e a paz.
f. Reconhecer que a paz é a plenitude criada por relações corretas consigo mesmo, com outras pessoas, outras culturas, outras vidas, com a Terra e com a totalidade maior da qual somos parte.

O CAMINHO ADIANTE

Como nunca antes na história, o destino comum nos conclama a buscar um novo começo. Tal renovação é a promessa dos princípios da Carta da Terra. Para cumprir essa promessa, temos que nos comprometer a adotar e promover os valores e objetivos da Carta.

Isto requer uma mudança na mente e no coração. Requer um novo sentido de interdependência global e de responsabilidade universal. Devemos desenvolver e aplicar com imaginação a visão de um modo de vida sustentável aos níveis local, nacional, regional e global. Nossa diversidade cultural é uma herança preciosa, e diferentes culturas encontrarão suas próprias e distintas formas de realizar essa visão. Devemos aprofundar e expandir o diálogo global gerado pela Carta da Terra, porque temos muito que aprender a partir da busca iminente e conjunta por verdade e sabedoria.

A vida muitas vezes envolve tensões entre valores importantes. Isto pode significar escolhas difíceis. Porém, necessitamos encontrar caminhos para harmonizar a diversidade com a unidade, o exercício da liberdade com o bem comum, objetivos de curto prazo com metas de longo prazo. Todo indivíduo, família, organização e comunidade têm um papel vital a desempenhar. As artes, as ciências, as religiões, as instituições educativas, os meios de comunicação, as empresas, as organizações não governamentais e os governos são todos chamados a oferecer uma liderança criativa. A parceria entre governo, sociedade civil e empresas é essencial para uma governabilidade efetiva.

Para construir uma comunidade global sustentável, as nações do mundo devem renovar seu compromisso com as Nações Unidas, cumprir com suas obrigações respeitando os acordos internacionais existentes e apoiar a implementação dos princípios da Carta da Terra como um instrumento internacional legalmente unificador quanto ao ambiente e ao desenvolvimento. Que o nosso tempo seja lembrado pelo despertar de uma nova reverência face à vida, pelo compromisso firme de alcançar a sustentabilidade, a intensificação da luta pela justiça e pela paz, e a alegre celebração da vida."

*

E no fim de tudo, poderoso leitor, vai a minha última pergunta para você: que outro momento oportuno nós encontraríamos para falar dos destinos nossos, como microcosmos que somos, e dos destinos deste nosso planeta, como o macrocosmo onde vivemos?

Fica claro, portanto, que é nos momentos de crise que pensamos mais no que queremos para nós e para os nossos.

Ser poderoso no sentido de empoderar-se de todas as possibilidades que tem um ser humano — e para mim a maior delas é a que lhe propus neste livro — é sair da conveniência e assumir a consciência de si, do outro e do todo, que é o mínimo que se pode esperar de um ser humano desenvolvido. Temos de nos tornar o *Homo sapiens sapiens*, e para isso, meu amigo, temos que ir além, como diz Vicente Ferrer, mais além que o dever de um cidadão ou do que eu chamaria de um ser humano, temos que ter consciência da consciência. E espero que ainda possamos chegar ao *Homo sapiens sapiens sapiens*, ou seja, ter consciência da consciência da consciência, tema para um próximo livro.

Até lá!